전지적 루이&후이 시점2

우리의 지혜로운 마음들이 한데 모여

세상을 비출 희망을 빚어내요.

시간이 가도 바래지 않을 영원한 약속처럼,

우리는 늘 함께 빛날 거예요!

사랑으로 함께 써내려가는 쌍둥이 판다의 성장 일기

전지적 루이&후이 시점 2

에버랜드 동물원
송영관 글 · 류정훈 사진

prologue

슬기롭고 빛나는 판다월드

안녕? 우리는 용인시 에버랜드동 판다월드의 루이바오, 후이바오예요!
이제는 사랑과 기쁨이 가득한 '판다 세컨하우스'에서 뚠빵뚠빵 성장 중이죠!
지금부터 사랑하는 우리 가족 바오패밀리를 소개할게요!

엄마 아이바오

세상에서 가장 아름다운 보물, 우리 엄마예요! 엄마는 행복한 보물인 우리 언니 푸바오도, 슬기롭고 빛나는 보물인 쌍둥이 판다 루이바오와 후이바오도 예쁘게 키워줬어요! 엄마는 늘 우리를 지켜보면서 필요한 것이 있는지, 알려줘야 할 것이 있는지 살펴줘요. 쟈근할부지는 엄마의 사랑이 판다월드의 가장 큰 선물이래요! 우리도 엄마 같은 어른 판다가 되고 싶어요!

아빠 러바오

사랑과 낭만을 아는 판다, 러바오는 우리 아빠예요! 러부지는 언제나 단 한 판다만 바라봤는데요. 그게 우리 엄마 아이바오래요! 엄마와 만나는 그날만을 기다리며 더 멋진 판다가 되기 위해 잘 먹고, 잘 자고, 잘 논대요! 우리 쌍둥이도 아빠를 바라보며 생각하죠. 인생을 살아가는 것보다 더 중요한 건 순간을 제대로 즐기는 거라고요!

작은할부지 송바오

우리의 영원한 친구, 쟈근할부지 송바오예요! 어릴 때는 혀가 짧아 이름을 제대로 부르지 못했는데요. 이젠 잘 발음할 수 있게 됐죠. 그래도 '쟈근할부지'는 포기할 수 없어요! 송바오는 우리를 위해 당근과 사과와 위토우도 예쁘게 만들어주고요. 신나게 노는 법도 알려줘요! 우리가 더 뚠빵한 판다로 성장할 수 있도록 곁에서 가장 많이 도와준답니다. 송바오와 함께할 수 있어 기뻐요!

첫째 루이바오

나는 루이바오, 판다월드의 슬기로운 보물이죠! 나는 송바오도 인정한, 꽤나 지혜로운 판다예요. 누군가는 내가 느리고 소심하다고 하겠지만, 실은 누구보다 신중하죠! 때론 아주 큰 사고를 쳐서 많은 이를 놀라게 만들기도 하는, 어메이징한 판다라고요. 그러니 이렇게 귀엽고 아름다운 루이에게서 절대 눈을 떼지 마세요! 사랑스러운 눈빛으로 날 바라봐줘요! 루히힛!

둘째 후이바오

나는 후이바오, 판다월드의 빛나는 보물이죠! 날 본 모든 이가 말할 거예요. 세상에 이렇게 예쁜 장난꾸러기는 없을 거라고요! 나는 루이와 엄마의 곁을 돌며 항상 장난칠 궁리를 하죠. 송바오는 그런 나를 보며 눈을 질끈 감지만, 그래도 날 엄청 귀여워하는 걸 알아요! 이제 나의 목표는 더 멋진 뚠빵이가 되어 세상을 나의 빛으로 밝히는 거랍니다! 후히힛!

차례

prologue 슬기롭고 빛나는 판다월드 20

1장 자연스레 다가오는 계절이 우리는 참 좋아요!

루이바오	내 마음의 무늬 (무늬는 약속 같은 거예요)	29
후이바오	뒤뚱뒤뚱 뒹구르르 (나만의 작은 빛이 있다면 다 괜찮아요!)	32
루이바오	슬기로운 도전 (소심한 게 아니라 신중한 거라고요!)	36
후이바오	빛나는 모험 (깊이 있게 바라보면 알 수 있죠!)	40
러바오	자연스러운 선물 (거기엔 이야기와 감정이 있죠)	44
후이바오	뚠빵한 것보다 빛나는 백신접종 (내 안에 '용기의 씨앗'을 심어요!)	48
루이바오	똑똑한 것보다 중요한 백신접종 ('용감한 모험'을 연습해요)	53
아이바오	지금의 나처럼 (내 안에 새겨진 사랑과 따스함을 떠올려요)	56
루이&후이	쌍둥이 판다의 수다 1 (이 빼빼로, 누구 주는 거예요?)	60
주키퍼의 수첩	하동의 계절을 담은 대나무 저장실 가을의 주토피아	64
루이바오	야외 방사장 가는 연습 (쨔근할부지만 따라가면 되는 거죠?)	72
후이바오	낙엽 위에서 레슬링 (루이가 먼저 약 올린 거라고요!)	78
아이바오	짧지만 소중한 하루 (사랑이 가득한 이 시간을 간직해요)	82
루이&후이	쌍둥이 판다의 수다 2 (자연스러운 사랑이 참 좋아!)	86
송바오	나는야, 느티나무 송바오 (모든 순간은 가장 아름다운 무늬가 될 거야)	90
Notes	나의 초록 유니폼 : 주키퍼가 하는 일	94

2장 — 사랑과 기쁨이 매 순간 깃들어요!

- 우이바오 　'액체 괴물'에 대한 오해 （찰싹! 첨벙! 철푸덕! 얘는 내 친구예요） 100
- 루이바오 　'액체 영웅'의 지혜 （드디어 털의 비밀을 알게 됐어요!） 105
- 루이&우이 　쌍둥이 아기 판다의 수다 3 （우리의 루후스빌에 놀러와요!） 110
- 루이바오 　엄마의 품 （엄마의 모자, 아니 등딱지가 될래요!） 114
- 우이바오 　호기심 안전거리 （우리 사이엔 딱 이만큼의 거리가 필요해요!） 118
- 루이&우이 　쌍둥이 판다의 수다 4 （하늘에서 우리의 하얀 숨이 내려요!） 126
- 러바오 　추운 겨울은 나의 계절 （나의 설원을 즐겨보세요!） 132
- 아이바오 　송바오의 선물 （그리움을 뭉쳐 눈판다를 만들어요） 136
- 루이바오 　건강한 생활 （연습하면 다 돼요!） 140
- 우이바오 　빛나는 순간 （일단 해보면 다 돼요!） 144
- 러바오 　낮잠의 중요성 （나의 잠은 다음 행복을 위한 마법이죠!） 148
- 주키퍼의 수첩 　숲을 위한 우리의 책임 겨울의 주토피아 152
- 아이바오 　함께하는 기쁨 （루이와 후이에게 매일 알려줘요） 158
- 송바오 　가족사진 （바오하우스는 우리의 따뜻한 집이죠） 162
- Notes 　판다월드의 진정한 영웅들 164

3장 우리가 함께라면 모든 순간이 행복이야!

- 루이바오 행복은 가까이에 （주변을 둘러보세요!） 171
- 후이바오 잘 먹고 잘 놀기 （내가 가장 잘하는 일이죠!） 174
- 루이바오 슬기로운 판단 （이게 바로 루이다운 첫걸음이죠!） 178
- 후이바오 함께하는 순간 （우리가 함께라면 모든 순간이 행복이야） 182
- 아이바오 숲에 쓴 이야기 （루이와 후이는 이 숲의 희망이에요） 188
- 러바오 본능적 낭만 （자연에서 기쁨의 순간을 찾아요） 192
- 루이바오 후이에게 （슬기로운 생각이 우리를 빛나게 할 거야!） 197
- 후이바오 루이에게 （우리의 세상은 언제나 반짝일 거야!） 199
- 아이바오 작은 이별 （자기 자신이 되기 위한 아름다운 여정이죠） 202
- 루이&후이 쌍둥이 판다의 수다 5 （우리 곁에 있는 모든 게 사랑이야!） 206
- 주키퍼의 수첩 이 아름다운 계절의 기별 봄의 주토피아 210
- 루이바오 작은 발걸음 하나에 큰 세상 （풀꽃도, 낙엽 소리도 나를 행복하게 만들죠!） 216
- 후이바오 엉덩방아로 쓰는 성장 일기 （두려움과 걱정을 뒤로하고 우선 움직여요!） 220
- 송바오 뚠빵이들의 내일 （사랑을 기억하고 함께 나눠요!） 224
- Notes 함께여서 행복한 보금자리 : 쌍둥이 판다의 독립, 그 순리의 이해 226

4장 세상 어디에서도 우리는 바오패밀리죠!

루이바오	슬기로운 죽순사냥꾼 (죽순의 맛 같은 시원한 용기를 내요!)	234
후이바오	빛나는 다짐 (뭐든지 할 수 있고, 뭐든지 될 수 있어요!)	238
루이바오	엄마가 내어준 자리 (세상 어디에도 없는 행복한 2층침대죠!)	242
후이바오	쟈근할부지의 선물 (오늘을 슬기롭고 빛나는 시간으로 채워가요!)	244
루이&후이	쌍둥이 판다의 수다 6 (하나에 하나를 더하면 더 뚠빵한 쌍둥이죠!)	246
아이바오	엄마의 당부 (사랑하는 뚠빵이들의 내일을 기대해요!)	252
러바오	판다의 지혜 (야생동물의 진정한 아름다움을 알려줄게)	256
주키퍼의 수첩	후이바오의 워토우 적응 일지 여름의 주토피아	258
루이바오	루이의 MBTI는요 (경이롭고, 지혜롭고, 사려 깊고, 따뜻하대요!)	264
후이바오	후이의 MBTI는요 (빛나고, 반짝이고, 귀엽고, 찬란하대요!)	268
루이바오	엄마에게 배운 것 (나다운 판다가 될게요!)	272
후이바오	쟈근할부지에게 알려준 것 (용기와 열정만 있다면 다시 일어날 수 있어요!)	274
아이바오	루이와 후이에게 (자기 자신의 모습으로 슬기롭게 빛날 쌍둥이에게)	276
루이&후이	쌍둥이 판다의 수다 7 (루이와 후이의 세컨하우스)	280
송바오	두 번째 시작 (우리는 언제나 행복으로 이어질 거야)	285
	Notes 바오패밀리와 나의 약속	288

송바오의 편지 292

작가의 말 슬기롭고 빛나는 선물 루이바오, 후이바오와의 행복한 동행 300

1장

자연스레 다가오는 계절이 우리는 참 좋아요!

내 마음의 무늬

무늬는 약속 같은 거예요

나는 아직 작고 동그란 루이바오! 세상의 모든 것이 신기하고요. 매일매일 불어오는 새로운 바람에도 설레하죠. 햇살 포근한 날에는 대나무 잎사귀가 반짝이고, 비가 내리는 날에는 땅이 촉촉하게 젖어요. 내 마음도 가끔은 햇살처럼 환했다가 가끔은 빗방울처럼 울적해지기도 하죠.

그런데 말예요. 걱정이 하나 있어요. 내가 갑자기 다른 색깔의 털옷을 입거나 다른 소리를 내면 나를 보던 쨔근할부지 송바오의 눈빛도 조금은 낯설어질까요? 나는 그저 나이고 싶은데 어제의 나와 오늘의 내가 너무 다르면 어떡하죠? 조금 두려워요. 마음속에 새겨진 무늬가 자꾸자꾸 바뀌면 원래 어떤 무늬였는지 잊어버리게 될지도 모르니까요.

그래서 나는 오늘도 어제처럼 대나무를 오물거리고 쨔근할부지 송바오의 다리에 매달려 장난쳐요. 대나무가 뿌리를 깊이 내리고 한결같은 모습으로 푸른 잎을 피워내는 것처럼 나도 내 마음의 무늬를 곱게 곱게 지켜나가고 싶어요.

그 무늬는 나를 알아봐주는 따뜻한 눈빛들의 약속 같은 거니까요!

뒤뚱뒤뚱 둥구르르

나만의 작은 빛이 있다면 다 괜찮아요!

나는 이제 제법 뚠뚠한 후이바오! 온 세상이 내 눈을 반짝이게 하죠. 오늘도 어제처럼 뚠딴뚠딴 힘찬 걸음을 내딛어요.

앗, 가슴이 조마조마 떨려요. "가자!" 하는 소리가 들려요! 언제나처럼 저만치 앞서가는 '마음'이라는 이름의 재빠른 너! 나는 한 걸음 뒤에서 녀석의 꽁무니를 부지런히 쫓아요. 지고 싶지 않은 오기가 불끈 솟고요! 두 눈은 동그래지고 귀여운 양송이 귀는 팔랑거리죠. 얼른 속도를 내보지만 이 놈의 무거운 궁둥이는 뒤뚱뒤뚱, 자꾸만 뒤쳐져요.

안 되겠어요. 나만의 재주를 부려야겠어요. 둥근 몸을 더 둥글게 만들어 데굴데굴 굴러요. 앗, 갑자기 심술궂은 훼방꾼 '돌부리'가 나타났네요! 헛발질에 우당탕탕, 온 세상이 기우뚱거려요! 정신 차려봤지만 이미 늦었어요. '마음'은 이미 결승점에 다다랐거든요.

하지만 나는 포기란 모르는 후이바오! 다시 일어나고 또 일어나요. 달리고 또 달려요! 비록 뒤늦게 도착했어도 내 온 힘을 다했다는 걸 알죠.

"마음아, 너와 함께 결승점에 서는 이 순간은 그 어떤 것보다 달콤한 영광이야.
그리고 그걸 지켜보는 송바오는 영관이고!"

그래요, 난 결심했어요!
이 세상이 나를 자꾸 넘어뜨리고 길을 막아서도 나는 멈추지 않을 거라고!

왜냐고요?
깜깜한 어둠이 찾아와도 당당하게 꺼내어 세상을 비출
나만의 작은 빛 '용기'를 가슴에 소중히 품고 있으니까요!

슬기로운 도전

> 소심한 게 아니라 신중한 거라고요!

오늘도 나의 통통한 뱃속에서 신호가 왔어요. 고구마를 만들 시간이군요. 쉿! 신중해야 해요. 있잖아요, 난 나의 개인적이고 은밀해야 할 시간에 방해받고 싶지 않단 말이죠. 그러려면 아무도 눈치채지 못하게 나무에서 내려와야 해요. 그리고 풀숲에서 자연스럽게 엎드려요. 아무도 내가 고구마를 만들고 있는지 모르게 말이죠.

앗! 송바오가 다가와요. 역시 눈치가 보통이 아니네요! 하지만 괜찮아요. 당황하지만 않으면 내가 무얼 하는지 절대 모를 거예요. 눈을 맞추고 '왜요, 무슨 일 있어요?' 묻듯 약간 능청스러운 표정을 지으면 돼요. 좋아요, 완벽했어요. 눈치채지 못한 것 같아요. 이제 아무도 모를 은밀한 고구마를 하나씩 생산해요. 하나, 두울, 세엣! 조심해야 해요. 힘주는 표정을 들키면 안 되니까요. 끄응! 소리도 내지 않고 네 번째 고구마를 만들었어요!

아, 시원해! 내가 해냈어요. 너무 행복해요. 자리를 떠날 때는 꼭 방금 전의 표정을 잘 유지해 주고요. 고구마요? 당연히 놓고 가죠! 숲에 양보해야 하니까요. 좋은 영양분이 될 거거든요. 굳이 이렇게까지 해야 하냐고요? 그럼요! 엄마가 그러는데요. 우리는 아직도 어리대요. 그래서 우리 흔적을 잘 숨겨야 한다고 했어요. 신중한 건 또 나, 루이바오가 1등인 거 알죠? 어떤 땐 너무 오래 생각하는 걸 보고 주변에서 소심한 것 아니냐는 오해를 받기도 하지만, 나를 오래 관찰한 돌멩이들은 알 거예요. 나는 늘 엄마처럼 침착하고 현명하게 판단하려 노력한다는 걸요.

어때요, 나 매력 있죠?
난 스마트한 쌍둥이 판다, '루이바오'랍니다. 루히힛.

빛나는 모험

깊이 있게 바라보면 알 수 있죠!

겉모습만 본다면 난 여느 판다와 비슷해요. 하얘야 할 데는 하얗고, 검어야 할 데는 거멓죠. 잘 먹고 잘 자고… 이걸 즐겁게 반복하며 생활하는 것도 다른 판다들과 똑같아요. 내 나이에 맞게 적당히 뚠뚠한 몸매도 가지고 있죠. 적당히…가 아니라고요? 잠깐만요! 내 얘기를 끝까지 들어보세요! 나를 오래 지켜본다면, 알게 될 거예요. 나는 여느 판다들과 다른 멋진 성격을 가졌다는 걸요! 몇 번 본다고, 오래 본다고 해서 바로 알 수 있는 건 아니에요. 나를 아주 깊이 있게 들여다보려는 노력이 필요하죠! 그건 짧아 보이는 내 다리도 실은 루이만큼 길다는 비밀을 알게 되는 것과 같은 거예요. 우리 바오패밀리 사이에서도 나를 단번에 알아볼 수 있는 거죠. 눈에 보이는 게 다가 아니니까요. 신기한 게 뭔지 알아요? 나를, 나의 마음을 깊이 바라봐주는 사람들이 정말 많다는 거예요! 너무 고마워요. 난 언제나 솔직하게 행동하려고 하거든요. 그러니까 나와 함께하는 소중한 시간을 나를 이해하려는 마음으로 조금 더 채워줄 수 있어요? 방법을 모르겠다면 송바오에게 물어봐! 그럼 확실히 알게 될 거예요. 나 후이바오는 빛나는 매력을 가진 유니크한 판다라는 것을요. 후헤헷!

자연스러운 선물

거기엔 이야기와 감정이 있죠

가을의 따스한 햇살 아래에서 특별한 선물을 받았어요. 송바오가 장미꽃이랑 하트, 그리고 제 이름까지 은행잎으로 예쁘게 꾸며주었죠. 그 정성스런 선물을 보는 순간, 느꼈어요. 나를 진짜 소중하게 생각하는 송바오의 마음을요. 나를 위해 이렇게까지 애써준 그에게 얼마나 고마웠는지요.

가을은 나에게 진짜 특별한 계절이에요. 나뭇잎이 노랗게 물들고, 바람이 살랑살랑 불어오는 이맘때쯤이면 나는 생각하죠. 자연이 얼마나 아름다운지, 그 속에서 어떤 감정을 느끼는지요. 주변 나무들은 울긋불긋 변해가고, 바닥에 떨어진 잎들은 마치 황금빛 카펫을 깔아놓은 것 같아요. 그가 손에 쥔 노란 장미꽃을 보며 깨달아요. 송바오가 나에게 보내는 사랑과 고마운 마음을요. 그의 눈빛은 말로 다 표현 못할 만큼 감동이죠.

송바오와 함께한 소중한 순간들을 떠올리면 우리가 얼마나 가까운 사이인지 다시 한번 깨달아요. 그가 나한테 준 이 선물은 그저 그런 낙엽이 아니라, 우리 둘 사이의 특별한 연결을 보여주는 것이에요. 이 선물을 통해 나는 자연과 연결된 느낌을 받고, 진짜 나 자신을 찾죠. 주변 나무들이 바람에 흔들리면서 내는 소리와 함께 가을의 분위기가 나를 싹 감싸니까요.

이렇게 특별한 순간들이 자꾸 쌓이면 참 좋아요.
가끔 가을 풍경을 보면서 그때그때 느꼈던 감정들을 떠올려볼 수 있거든요.

자연이 주는 선물은 예쁘기만 하지 않고요. 그 안에 이야기랑 감정이 가득 차 있어요. 그리고 그와 나눈 소중한 기억이 나에게 어떤 의미인지, 그리고 그 순간들이 나를 어떻게 바꿔놓았는지 생각하게 만들죠.

가을의 따스한 햇살 아래, 사랑과 고마운 마음을 나누는 이 순간이 진짜 얼마나 특별한 건지 느껴보세요. 자연과 연결될 때 진짜 행복을 찾을 수 있다는 것을 깨달을 수 있을 거예요.

뚠빵한 것보다
빛나는 백신접종

내 안에 '용기의 씨앗'을 심어요!

오늘은 우리 쌍둥이가 주사를 맞는 날이에요. 송바오 말로는 배띤접동을 하는 거라는데요. 나는 그게 뭐냐고, 뭐 맛있는 거 먹는 거냐고 물었죠. 송바오가 "아니, 백신접종…"이라고 말하면서 갑자기 이마를 짚더라고요? 쪄근할부지 머리에 열이 나? 혼자 걱정하고 있는데 송바오가 말해줬어요. 백신은 나의 몸속에 미리 심어두는 '작은 용사' 같은 거라고. 나쁜 병균들이 나를 괴롭히러 오면 항상 내 편인 이 작은 용사가 '짠!' 하고 나타나서 나의 몸이 아프지 않을 수 있도록 미리 도와주는 거래요. 그러니까 내 몸 안에서는 작은 싸움이 일어나고, 그 과정에서 몸이 더 튼튼해지는 거래요. 사람들이 마치 시련을 통해 성장하는 것과 비슷한 거라나, 잠깐의 아픔을 통해 얻는 평생의 방어막 같은 거라나…. 어쨌든 몸도, 마음도 그렇게 조금씩 더 멋지게 자랄 거라는 뜻인 것 같더라고요! 그러니까 믿음이 생기긴 했는데… 나 설득당한 거 맞죠?

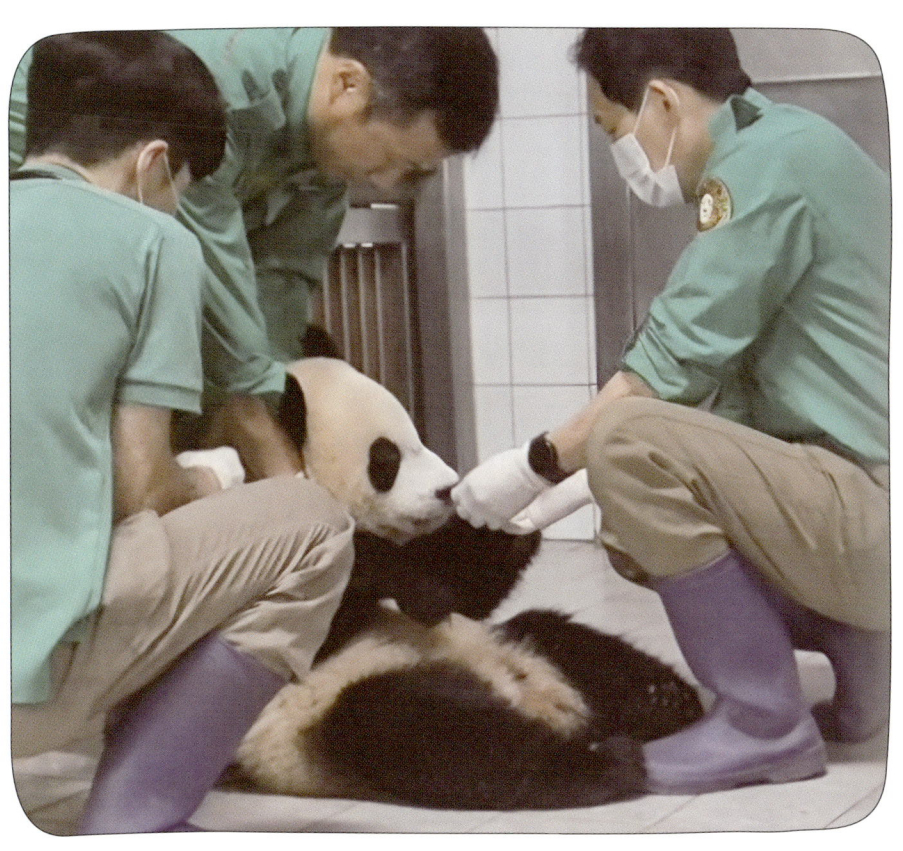

더 멋진 판다가 될 수 있다면 나는 아무래도 좋아요! 새싹이 처음 땅을 뚫고 나올 때처럼, 아기 판다로 첫 걸음마를 뗄 때처럼 성장을 위한 과정이라는 거니까요! 뚠빵해지는 것도 중요하지만, 세상의 온갖 것들로부터 스스로를 지키는 힘을 기르는 것도 필요해요!

그래서 말인데요.
내 생각에 백신이란 건, 미래의 아픔에 맞서기 위해
현재의 내 안에 심는 '용기의 씨앗'이 아닐까요?

나처럼 뚠빵뚠빵 빛나게 자라도록 잘 키워봐야겠어요!
후헤헷.

그래도 주사 맞힌 수의사 삼톤, 가만 안 도…!

똑똑한 것보다
중요한 백신접종

'용감한 모험'을 연습해요

나보다 먼저 주사 맞는 후이의 모습, 다 지켜봤어요! 송바오와 나누는 대화도 모두 들었죠. 태어나서 처음 맞는 백신접종이라고 엄청 칭찬해주면서 멋진 이야기 들려줬죠? 난 다 알아요! 뾰족한 주삿바늘이 나를 아프게 할까 봐 걱정이었는데, 엄살이 심한 후이도 잘 맞는 걸 보니 안심이 되긴 했어요. 그래도 무서운 건 어쩔 수 없으니까, 나는 이렇게 생각하기로 해요. 백신은 '용감한 모험'을 연습하는 거라고 말이에요. 내가 조금… 생각이 많거든요? 그래서 뭔가를 해야 할 때 용기 내기가 조금 어려울 때가 있어요. 그런 내 몸에 살짝 '미리 보기' 하는 거죠. 모험을 떠나기 전에요! 앞으로 판생이라는 긴 여행에 앞서 백신이라는 작은 어려움을 먼저 경험하고, 우리 몸이 스스로 이겨내는 법을 배우는 거죠. 나중에 병균이라는 진짜 큰 어려움에 맞설 힘을 기르는 거예요. 마치 어떤 게임의 캐릭터가 '레벨 업'하는 것처럼요. 작은 연습을 통해 나의 몸을 단련시키는 거라고 할까요?

송바오가 그러는데, 살다 보면 작고 큰 폭풍이 닥쳐올 거래요. 빌런 같은 폭풍에 맞서기 위해서는 지혜로운 방패가 필요하대요. 그러니까 그 방패 같은 백신접종이요. 내 몸이 어떤 병균에 맞설 수 있도록 도와준다는 거죠. 참 신기하지 않나요?

처음이라 조금 아프고 힘들 수도 있겠지만,
이걸 이겨내면 나의 몸은 훨씬 더 뚠빵하고 똑똑해질 거예요!
생각만 해도 든든해지는걸요?

잠깐, 송바오! 어디 가요?
나랑 같이 백신 맞고 용감해지자고요! 루히힛.

지금의 나처럼

아 이 바 오

내 안에 새겨진 사랑과 따스함을 떠올려요

우리의 루이와 후이는 사랑스러운 쌍둥이 아기 판다로 태어나 멋지게 성장하고 있어요. 작은 발로 땅을 단단히 딛고 서서 엄마의 품을 벗어나 저 넓은 세상을 향해 걸음을 옮기고 있죠. 녀석들의 눈망울에는 내가 보았던 것보다 훨씬 더 반짝이는 세상이 있어요. 작은 어깨에는 내가 꾸었던 것보다 훨씬 더 큰 꿈이 깃들어 있죠.

쌍둥이는 엄마 젖을 물던 작은 입으로 이제 대나무를 야무지게 씹어 먹어요. 비틀거리다 엉덩방아 찧던 걸음마로 어디든 성큼성큼 뛰어다니죠. 때로는 넘어지고 부딪히며 아픔을 느껴요. 처음 보는 어려움 앞에서는 주저하기도 하고요. 쌍둥이는 뚱땅뚱땅 발걸음을 내딛으며 아마 내가 상상조차 하지 못했던 굽이진 길을 만나겠죠. 하지만 걱정할 거 없어요. 잘 헤쳐 나아갈 거예요. 멀리 가기 위해 필요한 슬기로움과 빛은 그들 안에 있거든요. 녀석들이 스스로 선택하고 제 리듬으로 나아간다면 훌륭한 판다가 될 거예요. 내가 그러했던 것처럼요.

기억을 떠올려보세요.
우리 안에 스며든 엄마의 사랑과 따스함으로 나아갔던 순간들을요.
그렇게 나만의 고유한 빛깔로 반짝였던 장면들을요.
우리가 꿈꾸는 대로 피어난 아름다운 꽃길을요.

루이와 후이와 함께 있는 이 순간, 나는 상상해요.
자기만의 이야기로 세상의 그림을 그려나가는 녀석들의 미래를요.

나는 언제나 우리 아기들의 모습을 눈에 담고,
작은 발걸음 하나하나에 따뜻한 바람을 불어넣어 줄 거예요.
사랑하는 나의 아기들은 나의 전부니까요.

쌍둥이 판다의 수다 1

이 빼빼로, 누구 주는 거예요?

오늘은 11월 11일, '빼빼로데이'예요! 사랑하는 판다에게 엄청나게 큰 대나무 빼빼로를 선물하는 날이죠. 우리의 쨔근할부지는 항상 이 빼빼로데이를 챙겨줬는데요! 어라? 근데 이상해요. 엄청나게 큰 빼빼로를 딱 하나만 가져왔네요? 대체 누굴 주려는 걸까요?

루이 어? 이거 내 거 맞죠?

후이 아냐, 이거 나 주려고 쨔근할부지가 가져온 거야!

루이 진짜예요, 송바오? 후이를 루이로 잘못 본 거 아니에요? 콧등에 회오리 가마가 두 개 있는, 진짜 독특한 매력을 가진 루이 줄 선물 맞죠? 가끔 보조개처럼 보이기도 하는 이 가마를 가진 나요!

후이 무슨 소리! 송바오, 가마가 하나여서 소중하다고 했던 후이 거 맞죠? 검은 눈동자가 특히 깊고 매력 있다고 했던 바로 나, 후이요!

루이 쨔근할부지가 그렇게 말했단 말이야? 내 눈은 흰자가 많이 보여서 더 순수해 보인다고 했는데! 눈 크게 뜨면 더 눈에 띈다고 좋아했잖아요, 송바오!

후이 루이야, 송바오가 그랬는데 나는 눈동자가 진해서 사람들 마음을 빨아들이는 능력이 있댔어! 나만의 짙은 매력이랄까? 그러니 이건 후이를 위한 선물이야, 후헤헷!

루이 쳇, 나는 엄마 닮은 귀가 팔랑팔랑 움직이는 게 사랑스럽다고 했다고! 그러니까 이건 루이 선물이야, 루히힛!

후이 나는 아빠 닮은 두툼한 코랑 입 덕분에 듬직하고 멋진 판다라고 했는걸! 망설이지 않고 늘 새로운 재미를 찾아서는 내가 더 활기차고 신나길 바라면서 준 선물일 거야!

루이 나는 느긋하고 침착한 게 큰 장점이랬다고! 이 대나무 빼빼로는 분명 내가 더 열심히 탐구하라고 준 선물이 맞아! 안 되겠다, 송바오에게 해명하라고 해야겠어!

송바오, 이거 귀여운 루이의 빼빼로 맞죠? 말해봐요!

네? 우리 둘 다 너무 귀여운 판다라고요? 가마가 한 개든 두 개든 우리 모습 그대로가 최고라고요?

에이, 참…. 알겠어요. 그럼 내년에 우리 다 멋진 어른 판다가 되면 하나씩 만들어주는 거예요! 알겠죠? 약속!

주키퍼의 수첩

하동의 계절을 담은 대나무 저장실
가을의 주토피아

↰ 엄마 아이바오를 따라
이제는 대나무도 잘 먹는 쌍둥이 천사들

나무 위에서 대나무 먹는 모습도
이제는 익숙하게 볼 수 있죠 ↙

루이바오와 후이바오는 이제 엄마 아이바오와 아빠 러바오처럼 아주 멋지게 대나무를 손에 쥐고 껍질도 야무지게 깝니다. 아주 어릴 적에는 엄마를 따라 초록빛 대나무 잎사귀를 앙증맞게 물고 어쩌지 못했죠. 그 모습이 얼마나 사랑스럽던지요. 아이바오 먹으라고 놓아둔 대나무 다발 위에서 엎드리고 구르고 장난치던 녀석들이 아직도 머릿속에 선명하게 떠오르는데요. 언제 우리 쌍둥이가 이렇게 뚠빵뚠빵 슬기롭고 빛나게 성장한 건지 알다가도 모르겠습니다. 시간이 참 빠르죠.

대나무 저장실의 문을 열고, 대나무 한 묶음을 어깨에 짊어집니다. 판다월드 안에 있는 대나무 저장실은 엄청난 양의 대나무를 매일 신선하게 보관하기 위해 마련한 곳이지요. 그 안에서 챙겨온 대나무는 계절의 변화에도 싱그러움을 잃지 않습니다. 사실 대나무는 판다의 주식이라고만 생각하기에는 아쉽습니다. 우리가 미처 헤아리지 못했던 바오들의 삶의 방식과 그 속에 숨겨진 지혜로운 선택이 자리하고 있거든요. 대나무를 주식으로 선택한 판다는 다른 곰들처럼 혹독한 추위 속에서 깊은 겨울잠을 자지 않아도 되고요. 일 년 내내 건강한 모습으로 우리와 함께하죠. 이처럼 대나무는 단순히 먹거리를 넘어, 판다들의 삶 그 자체를 지탱하는 아주 중요한 요소이자 삶의 지표와도 같습니다.

줄기를 고르는 자기만의 기술을 터득해나가는 중입니다

대나무잎을 야무지게도 손에 쥔 주이, 어때요?

판다는 사실 분류학적으로 엄연한 맹수, 바로 곰과에 속하는 동물입니다. 그들의 신체 구조와 장기는 영락없는 맹수의 그것과 다를 바 없습니다. 그런데 육류가 아닌, 영양가가 턱없이 부족한 대나무만을 주식으로 삼아 살아간다는 것은 결코 쉬운 일이 아니었을 겁니다. 이 딜레마 상황 속에서 우리 판다들이 선택한 방법은 바로 '많이 먹고 많이 쉬는 것'이었어요. 대나무를 쉬지 않고 섭취하며 필요한 에너지를 채우고, 또 충분한 수면을 통해 그 에너지를 효율적으로 유지하는 것. 이 지극히 단순해 보이는 일상이야말로 판다들이 이 땅에서 온전히 살아남기 위해 선택한 가장 현명한 생존 전략이었던 것입니다.

대나무 줄기를 입에 문 후이, 꽤나 제법이죠!

이토록 소중한 대나무는 우리 판다월드의 바오들을 위해 경상남도 하동의 청정 지역에서 정성껏 채취, 운반되고 있어요. 아이바오와 러바오가 처음 이곳 에버랜드에 발을 내디뎠을 때부터 지금까지, 묵묵히 헌신해주시는 분들의 애정이 담긴 노력 덕분에 우리는 매일 신선한 대나무를 공급받을 수 있습니다. 성체 판다 한 마리에게 하루에 무려 70kg에서 100kg에 달하는 대나무를 공급해주지만, 그들은 그중에서도 자신의 입맛과 건강에 맞는 약 20kg의 대나무만을 골라 섭취합니다. 꽤 까다롭지요? 하하. 그렇게 먹은 대나무도 섭취한 양의 무려 83% 가량이 분변으로 배출된다고 해요. 맹수의 장기를 가진 판다들은 대나무의 소화율이 매우 낮으니까요. 실질적으로 몸에 흡수되는 영양분은 17%에 불과한 셈입니다.

더욱 놀라운 것은 판다들이 계절의 흐름에 따라, 그리고 자신의 몸이 필요로 하는 영양소에 따라 선호하는 대나무의 종류와 부위가 달라진다는 점입니다. 마치 사람처럼, 시기마다 필요한 영양소를 대나무 속에서 기가 막히게 찾아내는 능력이 있는 것이지요. 이러한 판다의 섬세한 특성을 고려하여, 주키퍼들은 바오들의 채식 습관과 수면 패턴에 맞춰 대나무를 조금씩 나누어 여러 번 제공하고 있습니다. 바오들의 습성을 고려한, 가장 효율적인 급여 방식이지요! 이제 왜 우리 바오들이 적은 양의 대나무를 여러 번에 걸쳐 먹어야 하는지 그 숨겨진 이유를 알게 됐지요?

아이바오와 러바오가 처음 에버랜드에 왔을 때가 생각납니다. 그때 그들이 가장 즐겨 찾던 대나무가 바로 '맹종죽'이었는데요. 그 단단한 맹종죽의 줄기만을 고집하며 먹는 모습이 참 인상적이었어요. 맹종죽 줄기는 상상 이상으로 단단해 급여를 위해서는 맹종죽을 바닥에 던져 잘게 쪼개야 했죠. 매번 판다들이 요구하는 양을 만들기 위해 주키퍼들과 함께 꽤나 힘을 써야 했지만, 우리 바오들의 행복을 생각하면 묵묵히 견딜 수 있었어요.

몇 해가 지난 후, 다행히 우리 바오들은 지금의 '설죽'을 가장 선호하는 대나무로 선택해주었습니다. 그 순간, 주키퍼들의 마음속에는 감사함이 피어나기도 했어요. 지금처럼 가을빛이 무르익어가는 계절에 우리 바오들이 설죽을 맛있게 '냠냠' 하는 모습을 볼 때면, 그들의 만족스러운 표정에서 진정한 평화와 행복을 느낀답니다.

듬직한 추이,
많이 먹고 더 뚠뚠해져라!

귀여운 후이
당근도 잘 먹네~

우리 판다월드의 보물
추이와 후이 이 귀여운 녀석들!

야외 방사장 가는 연습

쟈근할부지만 따라가면 되는 거죠?

있잖아요, 이렇게 따뜻한 집 안에 있으면요.
엄마 품처럼 편안하고 행복한데요.
자꾸 쟈근할부지가 밖에 나가서 놀재요.

바깥에는요, 해도 있고 바람도 있고 비와 눈도 있대요.
그래서 내가 말했죠. 여기에서도 다 느낄 수 있다고!
그랬더니 쟈근할부지가 밖에서 느낄 수 있는 건 다르대요.
그러면서 물었어요. 사실은 조금 걱정이 되는 거지? 하고요.

헤헷, 맞아요. 바깥에 뭐가 있을지 몰라서 좀 무서워요.
실은 나, 쨍쨍한 햇빛도 부드러운 바람도
시원한 빗방울과 차가운 눈도 직접 느끼고 싶거든요.

그랬더니 쟈근할부지가 사과를 손에 쥔 채 말했죠.
그럼 나를 따라와! 내 발자국 소리가 나는 곳으로!

내 앞에는 쨔근할부지와 달콤한 사과가, 내 뒤에는 후이가 있었죠! 우리는 그렇게 함께 바깥세상으로 나아갔어요. 사과를 먹고 주위를 둘러보니까요. 그곳에는 해와 바람도 있었고요! 뒹굴뒹굴 굴러도 편안한 낙엽과 졸졸졸 소리 내는 액체 괴물도 있었어요. 짹짹 새들의 신나는 소리도 있었고요. 세상에서 가장 사랑하는 우리 엄마도 있었답니다!

낙엽 위에서 레슬링

루이가 먼저 약 올린 거라고요!

아니, 엄마! 내 말 좀 들어봐요!
내가 언덕에서 놀고 있었는데요.
루이가 내 앞에서 엉덩이를 씰룩씰룩하면서요.
나를 약 올렸다고요!
그래서 내가 루이 혼쭐내려고 한 건데,
어쩌다 보니 언덕에서 구른 것뿐이에요!
그리고 루이가 먼저 나를 찌그러뜨리려고 했거든요?
나를 쫓아온 것도 루이인데요?
후이참, 나 정말 너무 억울하다고요!
내 털을 봐요! 다 흙투성이가 됐잖아요.
루이를 봐요. 나보다 하얗죠?
이 털만 봐도 얼마나 내가 루이에게 당했는지 잘 알겠죠?
엄마! 내 얘기 듣고 있어요?

엄마, 잠깐만요!
루이 얘기 말고 내 얘기를 들어줘요!
내가 아무리 개구쟁이 판다라고 소문났다고 해도요!
내가 거짓말은 안 한다고요.

네?
둘 다 잘못했다고요?
후이 너무 억울해요!

안 되겠어요. 나 결심했어요!

이 작고 귀여운 머리를 잘 굴려서요.
루이를 엄마 몰래 괴롭힐 방법을 찾아봐야겠어요!
체력도 더 열심히 키우고요.
그래야 루이보다 더 빨리 도망가죠.

언젠가 내가 루이에게 장난치는 모습을 봐도 모르는 척해줘야 해요!
알겠죠? 자, 얼른 후이랑 약속해요! 약, 속!

짧지만 소중한 하루

사랑이 가득한 이 시간을 간직해요

대나무숲에서 놀던 쌍둥이는 밤이 되자 시원한 보금자리에서 꿈을 꿔요.
고단한 하루가 지나가고, 모두의 마음은 편안해지죠.
한껏 고요해진 밤, 나는 행복했던 순간들을 떠올려요.

작고 귀여운 쌍둥이 판다가 빛나는 눈빛으로 서로를 바라보며 웃네요.
육아에 힘들고 지친 하루지만요. 그 속에도 숨겨진 사랑 이야기가 있죠.
그 이야기가 나를 다시 일으켜 세워요.

하루는 너무 짧죠. 많은 걸 하고 싶어요.
쌍둥이와 매 순간을 소중하게 보내고 싶죠.
그리고 꿈꿔요, 이 시간을 그리워할 날들을.

밤하늘의 별빛 아래에서
판다의 꿈을 나누고 싶어요.

고단한 하루를 잊게 해줄,
그 따뜻한 순간을 기다려요.

사랑으로 가득한 이 시간,
영원히 간직하고 싶어요.

쌍둥이 판다의 수다 2

자연스러운 사랑이 참 좋아!

루이 누군가에겐 이미 익숙한 사계절의 변화겠지만
여전히 새롭다는 듯 반짝이는 너의 눈빛이 나는 좋아

후이 평소보다 조금 더 깊이 들이마신 신선한 공기를
훅! 하고 내뱉는 너의 숨은 고요한 안개처럼 신비해

루이 발갛게 물든 단풍잎을 입에 물고 수줍게 웃는
너의 미소는 나의 볼까지 부끄럽게 물들여

후이 가을 축제의 음악 소리를 놓칠까 봐
귀 기울인 너에게 내 몸도 한껏 기울어

루이 우리의 귀여운 머리 위로 떨어지는 낙엽에 기억을 담아볼까?

후이 조심스럽게 낙엽 위를 걷는 너의 발걸음에 맞춰 노래 부를까?

루이 & 후이 그렇게 한결같이 내 곁에 다가오는 가을
그 자연스러운 사랑이 우리는 참 좋아!

나는야, 느티나무 송바오

모든 순간은 가장 아름다운 무늬가 될 거야

나는 말이지
그냥 한 그루 나무이고 싶었어
푸릇푸릇 초록 옷을 입고서
루이와 후이가 살아가는 그 신비로운 시간을
아주 가까이에서
묵묵히 지켜보는 기쁨을 누리고 싶었지
너희에게 해가 되지 않는,
저기에서 가만히 서 있는 나무처럼 말이야

그래서 나는 늘 이 자리에서
초록빛 옷자락을 나풀거리며
너희가 오기만을 숨죽여 기다린단다
바람에 흔들리는 나뭇잎처럼
설레는 마음으로 말이지

그러니 혹여 내가 나무처럼 느껴진다면

마음껏 올라타고, 신나게 미끄러지면서

너희의 작은 발자국으로

추억의 흔적을 새겨주지 않을래?

그 모든 순간이 나에게는

가장 아름다운 무늬가 될 테니까 말이야

가끔은 너희의 작은 팔로

나를 '꼬옥' 하고 안아주는 날도 있겠지

아, 그럴 때면 나는 정말이지

세상을 다 가진 듯 행복할 거야

잊지 못할 귀한 선물을 받은 것처럼

행복이 가슴에 한가득 차오를 거야

나는 있잖아

너희가 무럭무럭 자라는 그 시간에 맞춰

함께 키를 높여가는

늘 푸른 느티나무이고 싶어

초록빛 자연 속에 숨쉬며

오롯이 너희만을 기다리는

딱 한 그루의 느티나무 말이야

그러니 나에게 다가와줘

그저 바람이라고, 햇살이라고 여기고

자연스럽게 다가와주면 돼

나에게 다가오는 너희의 걸음 하나하나가

나에게는 더없는 감사이고

가장 큰 사랑이니까

나의 초록 유니폼
: 주키퍼가 하는 일

판다 주키퍼인 나는 오늘도 바오패밀리 곁에서 하루를 시작합니다. 아이바오와 러바오, 그리고 쌍둥이 판다 루이바오와 후이바오까지, 그들의 숨소리와 움직임 하나하나가 나의 하루의 중심이 되죠. 매일 깨끗한 물과 먹이를 준비하고, 그들이 머무는 공간을 청소하며 소독하고요. 예방 접종과 정기적인 건강검진을 통해 아픈 곳이 없는지 살피고, 혹시라도 이상 징후가 보이면 즉시 대응합니다. 번식 관리 역시 주키퍼의 손길이 닿는 영역이죠. 멸종 위기에 처한 동물들의 개체 수를 늘리기 위해 번식을 돕고, 새끼들이 건강하게 자랄 수 있도록 세심하게 보살핍니다. 더 나아가 동물들이 스트레스를 받지 않도록 새로운 활동을 고민하고 제공해요.

이 모든 과정은 기록으로 남겨집니다. 건강 상태, 행동 변화, 번식 상황까지 주키퍼와 수의사는 꼼꼼히 적어둡니다. 동물들의 삶을 더 깊이 이해하고, 앞으로의 연구와 돌봄에 밑거름이 되기 때문이에요. 동물의 작은 변화와 행동에 대한 기록 하나하나가 모여, 그들의 건강과 행복을 지키는 큰 힘이 되는 것이죠.

동물의 작고 큰 변화를 기록하며, 나는 늘 거짓없는 솔직함을 마음에 새깁니다. 그리고 동물들의 행동에 의문을 품고, 왜 그런 행동을 하는지 탐구하는 자세를 갖추려고 노력해요. 그래야만 동물들의 진짜 마음을 이해할 수 있거든요. 동물들은 주키퍼의 스승이고요. 그렇게 배운 그들의 삶을 통해 나는 그들과 더 깊은 교감을 나누게 되는 것이죠.

주키퍼라는 업에 대한 보람과 가치는 참으로 대단하지만, 가끔은 오해를 받기도 합니다. 처음 아이바오와 러바오가 에버랜드에 왔을 때였어요. 방사장 청소를 하고 있었는데, 아이를 데리고 온 부모님이 이렇게 말하는 겁니다. "공부 안 하면 저렇게 된다"라고요. 살짝 웃음이 나면서도 얼마나 씁쓸했는지요. 초록색의 유니폼을 입고 동물을 보살피는 일에 자부심을 느껴왔지만, 대중은 우리의 일을 잘 모른다는 생각도 들었습니다. 주키퍼로서 관람객과 대중에게 비추어지는 나의 모습에 더 큰 책임감을 가지겠다고 다짐했죠.

주키퍼는 동물들의 건강과 행복, 그리고 미래를 책임지는 전문가입니다. 건강 관리, 행동 풍부화, 번식 관리, 기록 관리, 고객 소통까지… 이 모든 역할이 모여 동물들이 빛나게 살아갈 수 있는 터전을 만들거든요. 내가 돌보는 동물들이 건강하고 행복하게 빛날 때, 그 빛은 나에게도 큰 기쁨과 감동으로 돌아옵니다.

나는 오늘도 바오패밀리와 함께 배우고 성장합니다. 그들의 숨결 속에서 삶의 의미를 찾고, 그들의 눈빛에서 나의 책임을 다시 한번 떠올립니다. 주키퍼로서의 길은 쉽지 않지만, 나는 진심으로 동물들과 함께하는 삶을 사랑합니다.

2장

사랑과 기쁨이 매 순간 깃들어요!

'액체 괴물'에 대한 오해

찰싹! 첨벙! 철푸덕! 얘는 내 친구예요

그래요, 인정할게요! 그 녀석을 처음 봤을 때, 괴물인 줄 착각한 거요. 철철철철, 콸콸콸콸… 소란스러운 소리를 내며 끝없이 흐르고 출렁출렁하는 모습에 깜짝 놀랐지 뭐예요! 이게 쨔근할부지가 말한 그 넓고 넓은 바다라는 건가 싶었다고요.

긴장은 했지만 멈출 수 없었죠. 나는 용기 내 앞으로 나아갔어요. 그런데 앗, 발끝에 뭔가 이상한 게 닿은 거예요! 음수대 물처럼 시원한데 넘실넘실 움직이고, 엄마 털처럼 부드러운데 뭔가 물렁물렁한 것 같기도 해서 심장이 쿵, 하고 내려앉았지 뭐예요. 안 되겠다! 겁이 나서 일단 후퇴했어요!

'아냐, 내가 누군데? 빛나아느은~ 후이바오잖아!' 용감한 마음이 속삭였죠. 다시 발을 담그며 전진했어요. 이 액체 괴물의 숨구멍으로 향한 거예요. 후이바오의 탐험이 시작된 거죠.

녀석은 으르렁대며 나를 밀어내려고 애썼지만 나는 네 발에 힘줬어요! 찰싹! 첨벙! 철푸덕! 뚠뚠한 엉덩이로 당당히 맞섰죠. 녀석은 화가 잔뜩 났는지 큰 입에 거품을 물더라고요, 후헤헷!

앗! 그 순간, 시원한 물살에 몸이 젖어들었어요. 두려움이 상쾌함으로 바뀌자 녀석이 더는 괴물같이 느껴지지 않더라고요. 게다가 이 녀석, 흙 묻은 나의 온몸을 하얗게, 하얗게 어루만져 주는 거 아니겠어요?

아마도 이 액체 괴물은 괴물이 아니라, 내 엉뚱함을 받아주는 친구일지도 몰라요. 내 마음에 모험심을 심어주는 친구요! 늘 내 곁에 머물면서도 자유롭게 춤추고 자기 모습을 바꾸는 액체 친구 덕분에 더 용기가 나는 하루예요!

'액체 영웅'의 지혜

드디어 털의 비밀을 알게 됐어요!

세상에, 바깥세상이라니! 엄마와 후이바오를 따라 조심스레 나섰던 그 길, 바람결이 주는 낯선 간지러움에 발걸음을 망설였죠! 푸른 하늘이 눈앞에 펼쳐지고, 곧이어 제 몸보다도 훨씬 큰 풀장이 보였어요. 사실 내 털은 후이보다 아주 살짝 노란데요. 왠지 저 풀장에 몸을 담그면 후이처럼 깨끗한 흰 털을 가질 수 있지 않을까 싶었어요.

후이는 나랑은 참 달라요. 무엇이든 몸으로 먼저 부딪치고, 웃음소리마저 발랄하죠. 동생은 아마 물을 보고도 '액체 괴물'이라 부르며 신나게 도망쳤을 거예요. 하지만 나는 도무지 그럴 수가 없었어요. 왠지 모르게 걱정도, 두려움도 스멀스멀 들었거든요. 내가 망설이고 있자, 풀장으로 모이는 물이 말했어요. '졸졸졸졸, 찰찰찰찰… 루이바오, 네 털의 고민을 풀어줄게!'

나는 한 발 한 발 조심스레 물에게 다가갔죠. 그 투명한 물소리에 귀를 기울이고, 코끝으로 냄새를 맡아보며 살피고 또 살폈어요. 마침내 앞발을 차가운 물줄기에 대는 순간, 깜짝 놀라 눈이 똥그래지고 귀가 쫑긋 섰답니다. 앗, 이건 또 뭐야! 내 털이 축축하게 젖었어요! 나도 모

르게 발을 헛디뎌 물속으로 풍덩 들어가버렸죠. 젖은 몸을 털고 후다닥 풀장을 나왔는데요. 뒤돌아보니, 풀장에는 마치 하얀 구름처럼 보글보글 거품이 피어나는 게 아니겠어요? 후이 같으면 "액체 괴물의 침이다!" 하고 소리쳤을지도 모르겠지만, 내 마음에는 물음표만 가득했답니다.

그때였어요. 물이 속삭였죠. "루이야, 놀랐니? 이것은 네 털과 내가 만나 생겨나는 자연스러운 일이란다. 너희 곰들의 털은 스스로 깨끗함을 유지하는 놀라운 기능을 가지고 있거든. 털에서 나오는 기름기 덕분에 물이 스며들지 않고, 먼지도 잘 달라붙지 않는 거야. 그러니까 루이와 후이, 너희들은 씻지 않아도 늘 깨끗하게 지낼 수 있지!" 물의 이야기를 듣고 깨달았어요. 내 털 하나하나가 이미 자연의 지혜를 품고 있었다는 것을 말이죠!

물은 다정한 눈빛으로 나를 바라보며 덧붙였어요. "루이야, 걱정 마. 네 엄마도 너만 할 때 털이 조금은 누르스름했단다. 하지만 지금은 저렇게 하얗고 튼튼한 털을 가지게 되었지. 너도 분명 그렇게 될 거야!" 누구에게도 말하지 않았지만, 실은 내 털이 후이보다 노란 게 좀 걱정됐거든요…. 하지만 물의 이야기를 듣고 그런 작은 걱정들에서 자유로워질 수 있었어요.

나는 물에 비친 내 모습을 다시 들여다보았어요. 내 털의 빛깔, 그리고 그 털이 만들어내는 하얀 거품까지도 모두 '나'라는 존재의 일부임을 알게 된 거죠. 그리고 조심스레 다가가면 새로운 친구를 사귈 수 있다는 것도요. 나의 발걸음 하나하나가 이 넓고 신비로운 세상과의 진정한 첫인사를 건네는 몸짓인 거죠. 그렇게 액체 괴물은 나의 첫 번째 영웅이 되어주었답니다!

쌍둥이 판다의 수다 3

우리의 루후스빌에 놀러와요!

후이 루이루이! 빨리 와! 여기 아침 햇살 진짜 끝내준다니까!

루이는 푸스빌 꼭대기에서 활짝 웃는 후이의 모습을 올려다보았어요.
우리 언니가 그토록 사랑했던 그곳, 오늘도 후이가 제일 먼저 차지했네요.

루이 후이야, 오늘도 그렇게나 빨리 올라갔어? (끙끙) 나는 아직… 힘드네…. 이 뚠빵한 몸으로 오르기가 쉽지 않다고!

후이 어? 히히! 루이루이, 뚠빵해서 못 올라와? 내가 잡아줄까, 말까? 여기 진짜 좋단 말이야!

얄궂은 후이의 장난에 루이는 피식 웃었어요.
루이는 다시 힘을 내 푸스빌을 향해 올라가보려 했지만 발을 헛디뎌 미끄러졌어요.

루이 후이야, 음… 나는 오늘은 포기할래. 기꺼이 내가 양보해주는 거야! 기다리다 보면 나도 더 커질 테고 그러면 그때는 꼭대기에 갈 수 있을 테니까. 송바오가 기다리는 마음도 중요하댔어. 지금은 너 혼자 그 햇살을 충분히 즐기고 있어!

후이 루이는 진짜 그렇게 생각해? 안 답답해? 난 빨리 올라가야 편하던데….

루이 나는 괜찮아. 열심히 연습해서 언젠가 그곳에서 만나자! 그때는 이곳 '푸스빌'이 우리 루이와 후이의 '루후스빌'이 될 거야!

후이 진짜? 루후스빌? 좋다, 루이루이! 얼른 연습해서 여기로 올라와! 여기에선 우리 언니가 바라봤을 그 넓은 하늘이 보여. 마치 언니의 깊고 따뜻한 눈동자 안으로 내가 포근히 뛰어드는 것 같아!

루이 그럼 우리가 루후스빌에 계속 올라가면
푸바오 언니의 눈동자 안에서 계속 놀 수 있는 거겠지?

후이 그럼! 우리 마음속에 늘 언니가 함께하잖아. 이곳에서 함께 만들어갈 우리의 추억들이 언젠가는 언니의 사랑으로 가득한 푸른 하늘이 될 거야!

루이 좋아, 후이야! 조금만 기다려! 우리 매일 루후스빌에서 만나자!

엄마의 품

엄마의 모자, 아니 등딱지가 될래요!

엄마, 있잖아요. 나 아직 엄마 곁이 좋아요. 엄마가 대나무 먹느라 바쁠 때도, 나는 슬쩍 다가가 엄마 품에 꼭 안기고 싶어요. 엄마와 함께하는 모든 순간이 나에겐 세상에서 가장 편안하고 따뜻하니까요.

가끔은 엄마가 나를 귀찮아할까 봐 걱정되기도 해요. 그런 내 걱정을 없애고 싶은 듯 엄마는 어디서도 보지 못한 따뜻한 마음으로 저를 감싸주죠. 가끔, 아주 가끔은 따끔하게 물기도 하지만요. 루히히.

엄마는 한없이 넓은 모자처럼 나를 덮어주고요. 딱딱하지만 든든한 등딱지처럼 늘 곁에 있어주죠. 엄마의 품에 있으면요. 엄마 뱃속에 있을 때처럼 엄마와 하나가 된 느낌이에요.

나 루이와 엄마는 이렇게 연결돼요. 그렇게 세상 어디에도 바꿀 수 없는 소중한 세계가 만들어지죠.

나는 엄마 곁을 맴돌아요. "엄마의 푸근한 모자가 될까, 아니면 든든한 등딱지가 될까?" 노래하면서요. 어떤 모습이든, 엄마와 함께 있는 게 제일 좋아요.

그러니까 오늘도 나는 엄마 주위에서 뒹굴거려요. 엄마가 나를 볼 때를 기다리면서요. 엄마의 그 넓은 마음과 따뜻한 사랑이 루이를 지켜주고 든든하게 안아주기에, 나는 기다리기 어려운 그 순간에도 행복을 느낀답니다. 루히힛!

호기심 안전거리

우리 사이엔 딱 이만큼의 거리가 필요해요!

나는요, 호기심이 많아요. 루이가 나무 위에 올라가면, 뭐 맛있는 게 있나 싶어서 금세 뒤쫓아 가고요. 엄마가 풀숲을 돌아다니면, 뭐 재밌는 게 숨어 있나 싶어서 얼른 따라가죠. 그런데요. 송바오가 호기심에도 안전거리가 필요하대요. 너무너무 궁금해도 한 걸음 뒤에서 봐야 한대요. 그래야 맛있는 게 어디에 있고, 무엇이 더 재밌는지를 알 수 있대요.

송바오의 말이 이해가 가지 않아서 귓등으로도 안 듣고 흥, 칫, 뿡 했는데요. 어젯밤에 자려고 누우니까 곁에서 잠든 루이의 오르락내리락하는 배가 보이는 거예요. 오늘 먹었던 대나무가 진짜 맛있었나 보다, 생각했어요. 그러다 눈을 감았는데요. 이번엔 행복한 노랫소리가 들리는 거예요. 엄마의 잠자는 숨소리가 내 귀에는 자장가처럼 들렸어요.

왠지 인정하긴 싫지만, 송바오 말이 맞는 것 같아요. 햇살은 자연을 자라게 하지만요. 너무 뜨거우면 우리를 숨겨줄 만큼 커야 하는 풀과 꽃이 홀랑 타버리거든요. 가끔 루이를 꼭 안고 싶지만요. 좋아하는 만큼 너무 꽉 안아버리면 숨을 편안히 쉴 수가 없겠죠. 엄마의 따뜻한 등에도 꼭 붙어 있고 싶지만요. 가끔은 너무 더우니까 한 뼘 떨어져 있어야 해요. 우리 사이를 지나가며 시원하게 해줄 바람길을 두어야 엄마의 온기도 마음껏 느낄 수 있어요.

그러니까 송바오, 너무 뜨겁지도 너무 차갑지도 않은 거리가 필요하다는 말이죠?
나 다 알아들었어요. 어때요? 나도 루이처럼 슬기롭지 않나요?

그런데 잠깐만요.
송바오의 온기를 느끼려면 우리는 한 뼘 거리에 있어야 한다고요!
왜 자꾸 저 멀리 도망가면서 "나 잡아봐라" 하는 거예요!

거기 서요, 송바오!

쌍둥이 판다의 수다 4

하늘에서 우리의 하얀 숨이 내려와요!

있잖아요, 요새 좀 이상한 게 많아요! 작은 바람에도 낙엽들이 나무에서 우수수 떨어지고요. 집으로 돌아가야 하는 저녁이 되면 금세 하늘이 깜깜해져요. 혹시… 알고 있었어요?

그런데요. 어느 날 우리가 힘차게 바깥으로 나왔는데요. 어라? 몸이 부르르 떨렸어요!

후이 어? 루이야! 이상해!

루이 후이야! 너도 느꼈지? 숨을 들이쉬어봐!

후이 스읍, 어후! 차가워!

루이 이 느낌은… 마음의 준비를 하지도 않았는데 액체 괴물과 레슬링 했을 때의 기분이야!

후이 그러니까! 어후, 차가워. 어? 후이야, 숨을 내쉬어봐!

루이 왜? 후…. 와! 우리 숨이 하얗잖아!

그래요! 우리가 내쉰 숨이 우리의 털처럼 하얗게 보였어요. 스읍, 하. 스읍, 후. 하얗고 하얀 숨은 구름처럼 길어졌다가 공중에서 사라졌죠! 한참을 그렇게 숨쉬기를 하고 있었는데요. 하늘에서 셀 수 없이 많은 흰 알갱이가 내리는 게 아니겠어요? "눈이다!" 돌멩이들의 기쁜 목소리도 들렸죠.

후이 루이야, 우리가 열심히 스읍, 하, 스읍, 후를 하니까 하얀 숨이 하늘에서 내려오나 봐!

루이 와, 우리의 하얀 숨이 모여서 하얀 눈이 된 거야? 후이야! 너 정말 똑똑하다!

후이 후훗! 이 정도는 기본이지! 우리 얼른 엄마한테 이 소식을 알려주자!

루이 그래, 좋아! 너보다 내가 먼저 달려가야지!

우리가 엎치락뒤치락하는 사이에 눈이 엄청 많이 내렸어요. 하얀 눈이 나뭇잎에 쌓이고 땅을 덮고 세상을 하얗고 빛나게 만들었죠. 수많은 눈이 모여 우리의 마음까지 반짝였어요! 왠지 바라던 일들이 꼭 이루어질 것만 같았죠. 우리는 엄마랑 눈밭에서 신나게 놀다가요. 그날 밤에 푹 잠이 들었는데요. 꿈에서도 우리는 스읍, 하, 스읍, 후! 열심히 숨을 쉬어서요. 어두운 세상을 환하게 밝혔어요! 어때요? 우리 잘했죠?

스으으으으읍! 하아아아아앗!

추운 겨울은 나의 계절

다른 곰 친구들에게 겨울은 겨울잠을 자는 시간인데요. 나 러바오에게 여기 판다월드의 겨울은 힘차게 생명의 춤을 추는 계절이에요.

세상이 온통 하얗게 변해도, 땅속 깊이 뿌리내린 대나무는 여전히 푸른 기운을 잃지 않고 나를 늘 싱그럽게 맞아주잖아요. 감사한 마음으로 이 기쁜 계절을 맞이하지 않을 수가 없겠죠. 여름날 뜨거운 햇볕 아래에서는 주춤했던 나지만, 차가운 공기 속에서는 활기를 되찾거든요. 대나무 잎사귀 하나에도 생생한 겨울의 맛이 돌아서 나의 오감을 깨워준답니다.

나는 겨울을 정말 사랑해요. 눈밭을 헤치고 달리는 나의 거친 털 발자국을 설원에 남기기, 코끝이 시릴 정도로 차가운 눈을 킁킁거리며 새로운 냄새 맡기, 눈판다랑 같이 기념사진 찍기까지… 겨울은 항상 설레는 즐거움을 전해주죠. 나에게 정말 소중한 계절이에요.

내 마음을 더 따뜻하게 해주는 건, 나를 보살펴주는 주키퍼들의 깊은 사랑이에요. 주키퍼들은 눈소파도 만들어주고, 눈미끄럼틀이랑 눈터널도 선물해주거든요. 덕분에 나는 엉덩이가 얼얼할 정도로 차가운 눈소파에서 대나무를 즐기는 행복을 누리고 있답니다.

이 겨울에요. 나는 힘찬 기운이 막 움트기 시작하는 것을 느껴요. 내 내면 깊은 곳에서도 어떤 에너지가 꿈틀거리죠. 땅은 차갑게 얼어붙어도, 내 마음은 다음 해 봄을 기다리는 뜨거운 열정으로 가득해요! 따뜻한 봄날, 사랑스러운 그대를 다시 만날 기쁨을 기대하는 거죠. 그 숭고한 약속을 위해서 나는 더욱 단단하고 의연해진답니다.

세상에 기쁨을 주는 보물 러바오는 이곳 판다월드에서 깊은 생명력과 더 큰 설렘을 안겨주는 계절을 즐기고 있답니다. 차가운 공기 속에서도 푸른 대나무 잎사귀처럼 나는 그렇게 겨울을 보내고 있어요! 하하!

송바오의 선물

그리움을 뭉쳐 눈판다를 만들어요

어느 날 송바오가 선물을 줬어요. 바로 눈으로 만들어진 판다 사진이었지요. 누군가는 눈덩이라고 할 수도 있겠지만, 우리 모두는 그 '눈판다'가 누구인지 알고 있었죠. 눈은 차갑고 하얗지만, 그 속에서 우리는 함께했던 소중한 기억과 사랑이 있음을 느꼈어요!

나는 그날, 멀리 떨어져 있어도 늘 함께하는 누군가의 얼굴을 떠올렸습니다. 물리적 거리는 서로의 마음을 전하는 데 난관이 되지 못하죠. 그리움과 사랑은 오히려 우리를 더 단단하게 이어주니까요. 우리는 눈처럼 투명한 감정으로 서로를 그리워하고요. 기쁨과 기억으로 가득 찬 희망의 끈을 놓지 않아요.

혼자라 외롭게 느껴질 때조차, 나는 소중한 존재의 얼굴을 마음속에 그리며 깊은 위로를 받아요. 행복이란 그렇게 작은 순간순간에 깃드는 법이니까요. 매 순간 충실히 사랑하며 살아간다면, 우리 마음은 항상 연결되어 있다는 걸 깨닫게 될 거예요.

내 곁에 있는 쌍둥이 판다 루이와 후이 또한 같은 생각인가 봐요. 송바오의 사진을 보며 행복한 표정을 짓네요. 하얀 눈으로 찾아온 그날의 모습은 어쩌면 우리 모두가 행복한 기억 속으로 깊이 빠져들었음을 보여주는 듯해요!

그렇게 눈 내리던 그날, 우리는 멀리 떨어져 있어도 따뜻한 마음으로 이어져 있었죠.
그 마음의 온기를 기억하며, 앞으로도 함께할 날들을 기대해요.

건강한 생활

연습하면 다 돼요!

영차, 영차!
나는 매일 어부바나무에 올라가요.
처음에는 힘들었지만요.
매일 조금씩 연습하니까 식은 죽 먹기가 되었죠!
아, 물론 식은 죽은 먹어본 적이 없어요!

힘들지 않냐고요?
무섭지 않냐고요?

송바오가 그러는데요.
꾸준한 운동은 체력을 길러주고요.
체력을 기르면 많은 걸 할 수가 있대요.

반대로 체력이 부족하면
진짜로 해야 하는 것들을 못하게 된대요.

하고 싶은 것도 많고
가고 싶은 곳도 많은 나는요.
특별히 건강할래요!
루히힛!

빛나는 순간

일단 해보면 다 돼요!

세상엔 재미난 것이 너무 많아요!
맛있는 것도 정말 많지요!

해볼까? 먹을까?
고민할 시간에 나는 해요!
언덕도 데구르르 구르고, 나무도 후다닥 오르고요.
뭔가 맛있거나 신기해 보이는 건
누가 먹을 새라 얼른 입에 넣죠.
(영양식 케이크 워토우는 빼고요!)

이게 바로 지금을 즐기는 방법이에요!
지금을 즐기다 보면 오늘에 감사하게 될 거예요.

그리고 송바오가 그러는데요.
감사한 마음은 누군가를 위하는 마음이 아니래요.

오롯이 나를 위한 감정이래요.

그래서 나는요.
나를 위해 오롯이 지금을 즐겨요!

어때요? 후이, 참 빛나지 않나요?
후헤헷!

낮잠의 중요성

나의 잠은 다음 행복을 위한 마법이죠!

나는 오늘도 맛있는 대나무를 냠냠 먹고, 그늘 좋은 곳에서 꾸벅꾸벅 졸고 있답니다. 돌멩이들도 잘 알겠지만 판다의 하루는 참 단순해요. 먹고 자고, 또 먹고 자고…. 그런데요. 내가 잠을 자는 건 피로를 풀기 위해서만은 아니에요. 나에게 잠이란 '소소하지만 다음을 위한 확실한 행복'이거든요!

세상의 모든 소리가 멀어지면서 잠이 들면요. 오롯이 나만의 속도로 흘러가는 고요한 우주여행을 하는 것 같아요. 잠들어 있는 동안, 내 몸은 다음을 위해 조용히 에너지를 채우고, 마음은 또 다른 기쁨을 상상하며 평화로워져요. 가장 완벽한 충전이자, 또 다른 성장의 시간인 셈이죠. 뜨거운 여름날에도 대나무보다 시원한 잠을 더 많이 찾는 건, 어쩌면 자연이 내게 준 최고의 선물 같아요. 그 시간이 있어야 내가 또 신나게 먹고 놀며 여러분께 '기쁨을 주는 보물'이 될 수 있을 테니까요! 어쩌면 대나무를 맛있게 먹는 꿈을 꾸는 건지도 모르겠어요.

나는 잠을 무척 소중하게 생각한답니다. 누군가 나의 귀한 잠을 방해하면, 음… 글쎄요, 그리 유쾌하지 않아요. 내가 깊은 잠에서 깨 마음에도 없는 '우오오웅웅웅' 소리를 낼 때는요. 러바오에게 잠이 정말 중요하구나, 하고 알아주면 좋겠어요.

나에게는 가끔 여러분을 깜짝 놀라게 하는 잠버릇도 있어요. 쉘터 모서리에 내 커다란 머리를 스르륵 떨어뜨리고 자거든요. 처음 보는 분들은 특이한 자세가 불편한 건 아닌지, 나중에 목이 아프지는 않을지 걱정하는데요. 괜찮아요. 정말 편안하거든요! 누구에게나 자기만의 편안한 자세가 하나쯤 있듯, 나 러바오도 그래요. 남들은 이상하게 볼지 몰라도, 나에겐 최고의 휴식 자세랍니다.

가끔은 그런 생각도 들어요. 우리 판다들은 매일매일 잠을 쪼개서 자는데, 다른 곰 친구들은 겨울에 몰아서 쭉 잠을 자잖아요? 그럼 결국 다 합치면 잠자는 시간은 서로 비슷하지 않을까요? 하하, 엉뚱한 상상인가요? 어쩌면 신이 곰들을 처음 만들 때 이렇게 물어봤을지도 모르겠어요. "고기를 먹고 살며 긴 겨울잠을 자겠느냐, 아니면 대나무를 먹으며 매일매일 규칙적인 꿀잠을 채우겠느냐?"라고요. 우리의 조상님들은 아무래도 대나무를 택하고 이 즐거운 '먹고 자고'의 삶을 선택했나 봐요! 글쎄요. 뭐, 이렇게 자든 저렇게 자든, 잠은 모두에게 꼭 필요한 소중한 시간이라는 건 분명하겠죠!

이렇게 나는 매일매일 잠을 통해 내일을 살아갈 에너지를 채우고, 행복을 다시 확인해요. 여러분은 어떤가요? 세상의 모든 존재에게 잠이 가진 의미는 비슷하겠죠.

매 순간을 온전히 누리고, 또 다음 순간을 기대하게 만드는 마법 같은 시간…!
내가 매일매일 행복하게 꿀잠 자면서 이 행복한 기운을 듬뿍 전해드릴게요!

쥬키퍼의 수첩

숲을 위한 우리의 책임
겨울의 주토피아

> 겨울의 야외 방사장을 나서는 루이와 후이!

> 판다월드에 눈이 이만큼이나 쌓였어요!

눈이 내리는 판다월드를 보신 적이 있나요? 에버랜드를 둘러싼 산의 형세가 새하얗게 반짝이는 것처럼 눈이 가득한 판다월드도 눈부시게 아름답죠. 이런 계절일수록 에버랜드와 판다월드를 지키는 이들은 더욱 분주해집니다. 추운 날, 멀리까지 찾아와준 분들이 불편하지 않도록, 또 우리 바오패밀리가 안전하게 겨울의 눈을 즐길 수 있도록 준비해줘야 하거든요! 인도에 쌓인 눈을 쓸고, 나무 위의 눈이 쏟아지지 않게 조치하죠.

이처럼 주키퍼는 판다월드에서 정말 다양한 일을 하지만, 그중에서도 우리 동물 친구들이 본연의 습성을 발현하며 안전하게 지낼 수 있는 환경을 조성하는 일이 가장 중요합니다. 겨울에도 마찬가지죠. 실내 온도를 체크하고, 야외 방사장의 눈 상태도 살펴보면서 한 번 더 정비해요. 한참 활발하게 자신의 공간을 쉼 없이 탐험하는 루이와 후이가 안전하게 자신의 습성을 발현할 수 있도록 하는 것이죠. 판다라는 동물에 대한 이해심을 바탕으로 그들의 입장에서 우리가 함께하는 이 판다월드라는 공간을 둘러보고, 그들이 마음껏 판다다운 행동을 해도 건강에 문제가 없기 위해서는 무엇이 필요한지 관찰하고 고민해요.

엄마 아이바오와
루이, 후이는 언덕을 뒹굴며 놀지요!

수많은 이가 머리를 맞대도 동물에게 생길 수 있는 상황을 예측하기란 참으로 어렵습니다. 이 작은 공간 안에 조성되는 모든 것은 결국 인간의 손을 거쳐야 하고, 이는 곧 막대한 책임감으로 이어진다는 것을 너무나도 잘 알고 있습니다.

그래요, 주키퍼는 이 무거운 책임감을 어깨에 짊어진 채, 자신이 돌보는 동물에 대해 누구보다 잘 알아야 한다는 사명감으로 일합니다. 우리의 모든 판단과 노력은 결국 동물 친구들이 주어진 공간에서 본연의 습성을 발현하며 살아가는 데 큰 영향을 끼칠 테니까요.

더 나아가 주키퍼는 종에 대한 깊은 이해를 바탕으로, 각 개체의 미묘한 성격까지도 파악해야 해요. 상황의 원인과 대책을 빠르게 판단하고, 혹 발생할지 모를 위기에 늘 한 발 앞서 생각하며 움직여야 하죠. 때로는 소방관처럼, 위급 상황에 총알같이 달려 나갈 준비를 해요. 어떤 상황이 발생해도 가장 안전하고 합리적인 방법으로 조치하기 위해 최선을 다하지요. 동료들과 함께 지체 없이 움직이고, 문제를 빠르고 정확하게 해결하기 위해 준비하고 있는 거예요! 어제를 되짚어보고, 오늘을 꼼꼼히 살피며, 미래에 생길 수 있는 여러 상황을 머릿속으로 시뮬레이션해요. 보이지 않는 곳에서 늘 깨어 있으려고 노력하는 거죠!

눈이 온 야외 방사장 이곳저곳을 누비는 후이!

자유를 꿈꾸는 탐험가 후이!

그렇게 수많은 동물을 돌보며 배우고 깨달은 바가 참 많습니다. 그중 가장 큰 깨달음은, 눈앞의 한 생명에 대한 사랑과 돌봄이 지극하다 할지라도, 이 모든 것은 더 큰 그림 속에서 조화를 이루어야 한다는 진실이지요. 판다가 오를 수 있는, 높이 솟은 나무 한 그루가 선사하는 그림 같은 풍경도 물론 중요해요. 하지만 우리가 진정 애써야 할 것은 그 한 그루의 나무가 아니라 판다가 자유로이 운신할 수 있는 울창한 숲의 그늘을 만들어가는 일이에요. 모든 판다들이 본연의 모습대로 숨 쉬고 어우러질 수 있는, 그런 너른 숲 말입니다. 함께 더 푸르고 풍요로운 세상을 만들어나가야 한다는 그 결심이 잔잔한 울림을 줍니다. 그래서일까요? 이곳에서 저는 한 생명의 소중함과 보살핌을 궁극적인 목표로 삼으며, 더 나아가 멸종 위기에 처한 친구들이 다시 본래의 서식지에서 자유로이 숨 쉴 수 있는 그날을 위해 모두가 힘을 모으기를 희망하게 되었습니다. 우리 모두는 판다가 멸종 위기에 처한 위기 속에서 살고 있다는 것을 알고 있으니까요. 이 동물 친구들이 인간의 개입 없이도 원래의 자리로 돌아가기 위해 우리가 어떤 실천을 해야 하는지 고민해야 하는 것이죠. 그것이 바로 우리가 궁극적으로 집중해야 할, 그리고 함께 만들어가야 할 푸르고 풍요로운 세상이겠죠?

주토피아의 판다월드에서 주키퍼가 책임감을 가지고 해야 하는 일과, 우리 바오패밀리를 사랑하는 한 인간으로서 실천해야 하는 일은 분명 다를 거예요. 그러나 우리는 알고 있습니다. 각자의 맡은 자리에서 다 같이 최선을 다하고 노력할 때, 언젠가 울창한 숲을 이룰 수 있을 것임을요.

함께하는 기쁨

루이와 후이에게 매일 알려줘요

시원한 바람과 반짝이는 눈밭에서 시간 가는 줄 모르고 놀다가 아이들과 함께 안으로 들어왔어요. 우리 가족을 바라보는 사랑 담긴 눈빛을 느끼며 루이와 후이를 품에 안죠. 녀석들과 함께 있으면 보드라운 햇살처럼 웃음이 가득하고, 꽃길처럼 아름다운 순간이 이어지네요. 땅을 밟는 발걸음은 가볍고, 마음은 깃털처럼 부풀어 올라요.

하지만 우리의 삶은 자연처럼 변화무쌍합니다. 늘 햇살만 드리우지는 않지요. 갑작스레 먹구름이 몰려오고요. 차가운 비바람이라도 몰아치면 발이 묶이기도 합니다. 예상치 못한 걸림돌에 넘어지고요. 애써 쌓아 올린 것이 무너지기도 해요. 아리고 쓰라린 상처와 경험이 마음 깊숙이 새겨지면 세상이 온통 회색빛으로 물든 듯해요. 아픔은 외면하고 싶고, 슬픔으로부터 도망치고 싶어요.

그런데요. 낯설고 두렵기만 한 기억과 감정을 가만히 들여다보면요. 그 어둠 속에서도 배움의 씨앗이 자라고 있다는 걸 알게 될 거예요. 넘어졌기에 일어서는 법을 배우고, 상처 입었기에 아픔을 이해할 수 있게 되는 거죠. 나도 그랬어요. 시련을 겪으며 내게 있는 줄 몰랐던 내면의 단단함을 발견했고요. 가까이 있을 때는 몰랐던 사랑도 더 많이 발견하죠. 주변의 작은 따뜻함에도 크게 감사하게 됐어요. 판생이란 참 신기하죠?

이리저리 뒹굴거리는 루이와 후이의 털도, 눈도 깊이 들여다보면 참 다양한 색을 가지고 있어요. 삶도 마찬가지죠. 기쁨과 슬픔, 성공과 실패, 만남과 헤어짐… 그 모든 순간이 뒤섞여 복잡하고도 아름다운 결의 무늬를 만들어내니까요. 어둠이 있기에 빛이 더 소중하고, 실패가 있기에 성공의 달콤함이 더 깊어져요. 우리가 마주하는 그 모든 순간이 삶이라는 커다란 그림을 완성하는 데 꼭 필요한 색깔인 거예요.

나는 매일 루이와 후이에게 알려줘요. 우리가 각자 자신의 온전한 모습으로 자라는 법을요. 슬픔이 있기에 기쁨이 얼마나 소중한지를, 외로운 적이 있기에 함께하는 기쁨이 얼마나 큰지를, 넘어져본 적이 있기에 힘차게 뛰는 순간이 얼마나 벅찬지를, 두려운 적이 있기에 그 어둠을 뚫고 나아간 용기가 얼마나 멋진 것인지를요. 외면하지 않고 도망치지 않는 순간, 스스로의 힘을 발견할 수 있죠. 어쩌면 그것이 삶의 진리일까요?

세상이 주는 다양한 순간을 마주하면요. 우리는 더 깊어지고 넓어지며 삶의 진정한 의미를 조금씩 깨닫게 될 거예요. 아픔을 통과한 마음이 더욱 무르익어 아름다운 향기를 내뿜듯, 루이와 후이도 슬기롭고 빛나는 멋진 자이언트판다가 될 거라는 사실을요!

가족사진

바오하우스는 우리의 따뜻한 집이죠

멀리 떨어져 있어도,
우리는 언제나 '바오하우스'에서 함께해요.

서로 다른 시간과 공간 속에서도
우리만의 특별한 가족사진을 찍을 수 있죠.
그 속에 담긴 따스한 이야기,
그리고 변치 않는 사랑의 약속을 들여다봐요.

바오하우스는
먼 거리를 넘어
모두를 안아주는
우리의 따뜻한 집이죠!

{ Notes }

판다월드의 진정한 영웅들

이곳 판다월드에는 언제나 많은 이들의 시선이 머뭅니다. 투명한 창 너머로 보이는 바오패밀리의 사소한 움직임 하나하나에도 환호와 탄성이 터져 나옵니다. 저마다 판다들의 사랑스러운 모습을 보며 행복을 나누어 가지곤 하지요. 그러나 그 빛나는 모습 뒤편에는 늘 묵묵히 제자리를 지키며 바오패밀리와 판다월드의 일상을 함께 호흡하는 발걸음들이 있습니다. 매일 판다월드 곳곳을 누비며 야생동물과 사람의 곁에서 성실하게 사랑으로 보살피는 그들은 바로 '캐스트'라고 불리는 젊은 동료들입니다.

많은 캐스트가 주키퍼라는 푸른 꿈을 품고 판다월드의 문을 열며 이 작은 세상에 들어왔습니다. 그들은 판다월드 이곳저곳을 누비며 크고 작은 일을 도맡아 합니다. 여러분도 잘 알다시피 캐스트는 귀한 생명들을 보러 온 손님들의 편의와 안전을 위해 종종걸음을 놓으며 공간을 안내하고, 그들의 궁금증에 기꺼이 답합니다. 한 발짝 물러선 자리에서 판다들의 일상을 그림자처럼 관찰하며 미세한 변화 하나도 놓치지 않고 기록하려 애쓰죠. 또 바오패밀리가 먹는 대나무를 옮기고 보금자리를 깨끗이 청소해요. 예민한 바오패밀리에게 작은 스트레스가 될까 봐 판다월드 내 많은 이의 동선을 살피고, 예측 불가능한 일이 발생하지는 않을지 긴장하며 주위를 살핍니다. 동물과 사람, 모두의 안전을 위해서요. 동물의 돌봄과 주키퍼의 업무에 도움을 주고자 궂은일도 마다하지 않죠. 그들의 일상은 눈에 띄는 화려함보다는, 깊은 인내와 부단한 노력으로 짜인 시간입니다. 이 공간의 질서와 안녕은, 온전히 그들의 세심한 보살핌 위에 단단히 서 있습니다.

하지만 가슴 아프게도, 때때로 그들은 감내하기 어려운 시선과 마주하곤 합니다. '캐스트 일은 그저 안내하는 일이다'라는 편견과, '어리고 초보자처럼 보여 동물에 대해 잘 모르는 것 같다'는 오해로 인해 캐스트의 노고와 감정은 사소하게 여겨집니다. 그런 시선 앞에서 고개를 숙이면서도 묵묵히 자기 일을 끝까지 해내는 그들의 뒷모습을 볼 때면, 부모 된 심정으로 마음이 저려옵니다. 차가운 말에 얼어붙은 채 눈물짓던 여린 마음들을 제가 미처 보듬어주지 못하는 날이면 밤늦도록 그들에게 가닿을 따스한 위로를 찾아 헤매기도 합니다. 이들의 노고가 존중받아야 바오패밀리도 진정으로 행복해질 수 있다는 사실을 저는 알고 있으니까요.

이곳 판다월드 안에서 벌어지는 모든 일은 저마다의 소중한 고리로 연결되어 있습니다. 바오들을 직접 대하는 일이든, 그들의 뒤에서 보이지 않게 지원하는 일이든 그 모든 조각이 온전히 제자리에 놓여야 비로소 하나의 큰 그림이 완성되죠. 캐스트가 판다월드의 일상을 유지할 수 있게 곳곳에서 도움을 주기에 주키퍼는 아이바오의 꿀잠을 지켜볼 수 있고, 루이와 후이의 어설픈 걸음마에도 마음 쓸 수 있습니다. 반대로 주키퍼가 제 역할을 다할 때 비로소 캐스트의 노고 또한 빛을 발할 수 있는 것이지요. 서로의 자리에서 각자의 역할에 충실하는 것, 그리고 그 역할을 통해 느끼는 행복이 상호적으로 연결되어 있다는 것. 그것이야말로 이 판다월드라는 삶의 공간을 이루는 근간이 됩니다.

솔직히 고백하자면, 나의 얼굴이 조금 더 알려지고 바오패밀리와의 교감이 세상에 회자될수록, 혹여 이 빛이 캐스트들에게 그림자를 드리운 것은 아닐까 싶어 미안한 마음이 들 때도 많았습니다. 어쩌면 그들의 수고가 제가 받은 시선 뒤편에서 잊히는 듯해 마음 한구석이 늘 아려왔으니까요. 하지만 나는 믿습니다. 그들의 묵묵한 열정과 보이지 않는 헌신이, 그리고 그 속에서 피어나는 행복이 결국 가장 큰 울림으로 다가올 것임을요.

오늘 밤도, 숨은 빛처럼 반짝이며 각자의 자리에서 애쓰는 젊은 캐스트들에게 잔잔한 박수를 보냅니다. 당신들의 헌신과 행복 덕분에 이곳 판다월드의 모든 숨결이 온전히 행복할 수 있습니다. 감사합니다.

3장
우리가 함께라면 모든 순간이 행복이야!

행복은 가까이에

주변을 둘러보세요!

쨔근할부지가 그러는데요.
행복은 멀리 있는 게 아니라,
우리 곁에 항상 존재하는 거래요.

나는 슬기로운 보물이니까
눈을 깜박이며 주변을 둘러보았죠.

그러고 보니 쨔근할부지 말이 맞았어요!
우리의 안락한 집에 세워진 이 멋진 나무를 온몸으로 안으면요.
나무가 내게 짙은 향기를 건네요.
엄마와 언니의 이야기가 담긴 향기를요.
나무에 코를 대고 있으면요. 마음이 따뜻해져요!

정말 쨔근할부지가 말한 그대로예요!
우리 집 나무에 가족의 이야기가 담겨 있는 것처럼요,
루이 옆에는 언제나 후이가 있는 것처럼요.
사랑과 행복은 가까이에 있는 거예요!

이제 루이는요.
귀를 쫑긋! 눈을 번쩍!
순간순간을 슬기롭게 보낼 거예요!

루히힛!

잘 먹고 잘 놀기

내가 가장 잘하는 일이죠!

나 후이는요. 쨔근할부지의 사랑을 알아요.
내가 잘 먹고 잘 노는 걸 좋아하는데요.
좋아하는 걸 더 잘하는 판다로 성장하래요!

쨔근할부지는 내가 더 뚠빵해지고 건강해지라면서요.
작은 간식 하나도 예쁘게 만들어줘요.

귀엽고 동그란 당근사탕을 선물해주기도 하고요.
나 몰래 워토우를 끼워 넣은 간식꼬치를 주기도 하죠.

나는 송바오의 바람처럼 당근도 꼭꼭 씹어 먹고요!
입안에서 자꾸 찐득거리는 워토우도 먹어보려고 노력…은 해요.

이 정도면 나 꽤나 잘 먹는 뚠빵한 판다죠?

쨔근할부지는 내가 지금처럼 잘 놀았으면 좋겠대요.
액체 괴물이랑 매일 신나게 레슬링을 하라는 말인 거 같아요.
그래서 나는요. 가벼운 발걸음으로 세상에 나가요.
따뜻한 햇살 아래서 시원한 바람을 맞으며 액체 괴물과 즐겁게 노는 거예요!

잘 먹고 잘 노는 일로는
판다월드에서 내가 1등이 될 거랍니다!

후히힛!

슬기로운 판단

이게 바로 루이다운 첫걸음이죠!

쨔근할부지는 내가 아직 아기 같은가 봐요. 발걸음 하나하나가 서툰 아기 판다라는듯 놀리곤 하죠. 하지만 나도 이제 두 살이 되어가요. 슬기로운 보물이라는 이름 뜻에 맞게 아직 세상 모든 것을 탐구하듯 바라보죠. 방사장을 걸을 때면 작은 두 발에 온 세상이 담기는 것만 같아요.

어제는 후이랑 같이 죽순을 먹다가, 후이가 좋아할 만한 걸 내가 먼저 집어들 뻔했지 뭐예요. 그때 문득, 이런 생각이 들었어요. 죽순보다는 후이의 기분 좋은 웃음이 더 소중하다고요. 나 혼자 좋기보다는 후이와 함께 행복한 게 훨씬 더 달콤하다는 걸 깨달은 거죠. 그래서 후이에게 그 죽순을 양보했어요.

그날 밤 자기 전에 쨔근할부지한테 이 이야기를 했더니, 그러더라고요. 이런 사소한 순간에도 우리 모두를 위한 마음으로 한 번 더 생각하면요. 그게 바로 슬기로운 루이바오가 되는 첫걸음일 거라고요.

사실 쨔근할부지 말은 언제나 어려워서 자장가처럼 들렸고, 나는 금방 잠에 들었는데요. 자는 동안에도 언제나처럼 쨔근할부지의 따뜻한 눈빛이 느껴졌어요. 가끔 미끄러운 나무 위에서 중심을 잡기 어렵거나 새로운 장난감이 무서워서 망설이는 나를 기다려줄 때처럼요! 쨔근할부지는 어떻게 하면 안전하게 나무에서 내려올 수 있는지, 장난감을 어떻게 가지고 놀면 되는지 바로 알려주지 않고요. 내가 스스로 알아내기까지 시간을 주거든요. 그렇게 나는 '용기'를 배운 것 같아요. 두려움에 멈춰 서기보다, 상황을 찬찬히 살피고 올바른 길을 찾아 나서는 용기. 쨔근할부지는 그 용기가 나를 한 뼘 더 자라게 도와줄 거래요!

아직은 모든 것이 서툴고 느리지만요. 매일매일 조금씩 더 나은 루이바오가 되기 위해 노력할 거예요. 작은 순간에도 남을 먼저 생각하는 따뜻한 마음과, 어떤 상황에서도 흔들리지 않고 옳은 판단을 내리는 단단한 지혜를 키워나가는 거죠. 그럼 나도 언젠가는 푸바오 언니처럼, 우리 엄마와 아빠처럼 많은 이에게 기쁨과 위로를 주는 어른 판다가 될 수 있겠죠?

오늘도 나는 나의 작은 발걸음으로 세상을 배워나가요. 마음속에 올바른 판단의 씨앗을 심는 거죠! 이 씨앗이 무럭무럭 자라나서요. 나를 멋진 루이바오로 만들어줄 거예요. 그러니까 돌멩이들, 나를 지켜봐줘요!

함께하는 순간

우리가 함께라면 모든 순간이 행복이야

돌멩이들! 내가 비밀 하나 알려줄까요? 푸른 대나무숲, 그 안에 나와 루이만 아는 작은 언덕이 하나 있거든요. 세상 시끌벅적한 소리는 저 멀리 두고, 그곳으로 가면요. 오직 햇살이랑 바람 소리만 가득하죠. 거기에 엉덩이 붙이고 앉으면, 마법이라도 걸린 것처럼 마음이 스르르 풀려요. 눈부신 햇살이 나뭇잎 사이로 쏟아져 내리는데, 그 따스함이 온몸을 감싸죠. 그 기분은요, 쨔근할부지가 말하는 '평화' 같아요. 포근하면서도 나른하고, 단순하면서도 완벽하거든요.

루이와 함께 언덕에 가요. 금방 꺾어온 싱싱한 대나무를 아삭아삭 씹어 먹었더니 배가 참 불러요. 엉덩이가 더 묵직해진 것 같죠. 근처에 앉아 있는 루이의 얼굴을 괜히 한번 쳐다봐요. 루이도 나를 쳐다보죠. 눈만 마주쳤는데도 푸스스, 웃음이 터져 나와요. 좋아하는 루이랑 맛있는 거 먹고 편하게 앉아 있는 이 기분은요, 쨔근할부지가 말하는 '행복' 같아요. 부드러우면서도 달콤하고, 즐거우면서도 아름답죠.

있잖아요, 평화롭고 행복하다는 건요. 언제나 우리 곁에 있었던 건지도 몰라요. 미처 알아채지 못했을 뿐이죠. 그러니까 똑같아 보이는 이 순간들을 하나하나 다르게 느껴봐요. 작은 온기, 작은 웃음이 하나하나 모여서 하루를 다르게 만드는 거예요. 그래서 나에게는 어제도, 오늘도, 내일도 다 진짜 반짝이는 보물 같아요. 그러니까 이곳에서의 평화와 행복은요. 어디를 가도 찾을 수 없는 우리만의 특별한 시간인 거예요.

이게 비밀이냐고요? 아직 말하지 않았어요! 후히힛! 음… 비밀은요, 이런 빛나는 하루의 순간을 마음에 깊이깊이 새기면 언젠가 힘이 되어줄 거라는 거예요. 엉덩방아를 찧거나, 액체 괴물과의 싸움에서 지는 것처럼 힘든 일이 생기면요. 이 기억을 떠올리는 거죠. 잠깐 뒤를 돌아보듯 마음에 담아둔 그 평화롭고 행복한 풍경을 바라보는 거예요. 그러면요, 힘이 불끈! 날 거랍니다!

숲에 쓴 이야기

루이와 후이는 이 숲의 희망이에요

루이와 후이를 처음 품에 안았던 그날이 여전히 생생해요. 내 마음은 봄날 햇살처럼 따사로웠죠. 쌍둥이 아기 판다 루이와 후이의 작은 몸짓 하나하나는 새싹이 돋아나는 숲속의 속삭임 같았고요. 나의 보드라운 털 사이로 스며드는 녀석들의 숨결은, 세상에서 가장 고운 바람 같았죠.

어느덧 루이와 후이도 훌쩍 커버렸어요. 대지같이 느껴지던 숲도 이제는 구석구석 익숙한 곳이 되었고, 대나무도 죽순도 제법 잘 먹죠. 내게는 여전히 아기 같은 쌍둥이지만, 이제 더 성장할 거예요. 몸도 커지고요. 식성도 달라질 테죠. 루이는 루이답게, 후이는 후이답게 자랄 거예요. 그 과정은 녀석들이 직접 겪어내야 할 테죠. 나와 러바오와 푸바오가 그러했던 것처럼요. 그렇게 자기다운 판다가 되어가는 거예요.

우리들의 숨결이 새겨진 숲을 둘러봐요. 나무와 풀도 있고요, 크고 작은 생명의 살아 숨 쉬는 이야기도 깃들어 있지요. 그 숲에서 루이와 후이는 꿈과 희망을 가지고 자기만의 길을 걸어 갈 거예요. 그렇게 녀석들은 그 존재만으로도 숲을 다양하고 아름답게 만들어줄 테죠. 나는 쌍둥이가 만들어갈 내일이 벌써부터 기대가 되어요.

오늘도 루이와 후이를 품에 안고 말해요.
우리는 각자의 자리에서 자기만의 색깔로 빛날 거라고요.
우리만의 음성으로 노래를 부르고, 숨을 크게 들이마시고 크게 내뱉을 거라고요.
우리의 숨결이 모여 이 숲의 희망이 될 거라고요.

"루이야, 후이야! 너희는 이 숲의 보물이란다.
이 숲에서 매일 반짝이며 슬기롭게 성장하는 거야."

본능적 낭만

러바오

자연에서 기쁨의 순간을 찾아요

나는 혼자서도 잘 지내요. 그렇다고 외롭지는 않으니, 걱정일랑 말아요. 왜냐면요, 이 삶은 꽤나 낭만적이거든요. 뭐가 그렇게 낭만이냐고요? 혼자서도 잘 지내는 법이 궁금하다고요? 지금부터 들려줄 테니, 귀를 쫑긋 해보세요. 후훗.

어릴 적부터 나는 궁금한 게 많았어요. 아무도 나에게 수컷 판다로서 살아가는 법을 알려주지 않았거든요. 고독한 운명이었죠. 다른 판다를 보고 배울 수도 없어서 모든 걸 혼자서 터득하고 이루어야 했죠. 하지만 그 덕분에 나만의 방식대로 살아가는 법을 배웠고 늘 깊이 사색할 줄 알았어요. 잠깐 동안 엄마에게 보살핌을 받기는 했지만, 생각해보면 그 시간만으로도 나는 충분했나 봐요. 삶의 새로운 단계가 다가올 때마다 걱정과 불안을 멈추고 그냥 자연스럽게 몸을 맡겼거든요. 배가 고프면 주변에 맛있는 걸 찾아서 먹고, 졸리면 잠을 자면서 달콤한 꿈을 꾸는 걸 즐긴 거죠. 본능적으로 하나하나 제때 해나갔어요. 저절로 알게 되었다고 할까요?

자이언트판다로서 마지막 사랑을 찾기 위해 먼 여행을 떠나기도 했어요. 쉬운 여정은 아니었지만, 큰 문제는 아니었어요. 배우지 않아도 경험하지 않아도, 세상에 태어나면서 나는 나의 능력을 하나하나 발견하고 길러갔거든요. 이미 그 모든 걸 알았던 것처럼요. 본능에 무척이나 충실했던 거죠.

나의 인생은요, 맛있는 음식과 달콤한 꿈과 영원한 사랑으로 언제나 낭만적일 거예요. 내가 자연스럽게 찾아낸 나만의 방식으로 '기쁨의 연속'을 맛볼 거니까요. 주어진 것에 만족하는 태도도 삶에 있어 꽤 중요한 법이랍니다.

나만의 판생을 유유히 그림을 그리듯이 살아가는 거, 어때요?
참 자유분방한 예술인, 아니 예술판다의 삶 같지 않나요?

네? 어떻게 낭만적일 수가 있냐고요? 본능을 어떻게 찾냐고요? 음, 여러분도 가끔은 현실을 벗어나 자연으로 돌아가면 어때요? 그럼 나처럼 본능을 자연스럽게 찾을 수 있을지도 몰라요.

시간이 없다고요?
흠, 그럼 말이죠.

본능적 낭만으로 이루어진 감성 충만 수컷 판다 러바오를 보러 판다월드에 놀러오세요!
나를 보면 자연스럽게 알게 될 테니까요!

후이에게

슬기로운 생각이 우리를 빛나게 할 거야!

후이야, 쨔근할부지가 그러는데 검정 속에는 하양이 녹아 있고 하양 속에도 검정이 섞여 있대! 무슨 말인지 모르겠지? 사실 나도 그랬거든. 검정은 검정인데, 어떻게 하양이 있다는 거야. 하양은 하양인데, 검정이라는 게 말이 돼?

그런데 쨔근할부지 말은, 지금은 보이지 않을 뿐이래.
결국 시간이 지나면 다 알게 될 거래.

내가 생각할 때 그 말은, 우리가 서로를 볼 때 검정을 검정으로만 보지 말고 흰색을 흰색으로만 보지 말라는 것 같아. 무슨 색이 섞였는지 고민해보라는 말인 것 같아.

그러니까 후이야, 누가 흙에서 구른 널 보고 거멓다고 해도 말이야. 걱정하지 말라는 소리야! 알겠지? 내 얘기 듣고 있어? 후이야!

루이에게

우리의 세상은 언제나 반짝일 거야!

루이야, 내가 꿈을 꿨는데 말이야. 눈이 아주 많이 내려서 온 세상이 하얗게 얼어붙었더라고. 춥고 걱정이 됐지만, 루이 네가 내 곁에 있었기에 다행이었어. 슬픔보다 기쁨이 많았고, 미움보다 사랑이 더 가득했고, 불안보다 행복이 더 컸거든. 루이 네 손을 꼭 잡으니까 우리 온기에 꽁꽁 언 세상이 천천히 녹아내렸어! 너와 함께였기에 여전히 세상은 따뜻했지.

잠에서 깨자마자 쨔근할부지한테 꿈 얘기를 들려주니까 반짝반짝 빛나는 눈으로 이렇게 말했어. "여전히 세상을 빛나게 하는 건 어둠을 끌어안는 밝은 것들이어서 참 다행이구나!"

그러니까 루이야, 액체 괴물 앞에서도 겁먹지 말고 내 손 잡고 두려움 속으로 첨벙 뛰어드는 거야! 우리가 함께라면 뭐든 할 수 있다는 소리야, 알겠지?

뭐? 루이 네 손을 잡고 워토우를 먹으라고?
그건 함께한다고 해서 해결될 일이 아니라고!

작은 이별

자기 자신이 되기 위한 아름다운 여정이죠

뜨거운 여름도 어느덧 지나갔어요. 가을의 시작을 알리는 시원한 바람이 불어오는 요즘이죠. 훌쩍 커버린 꼬물이들 루이와 후이가 곤히 잠들어 있네요. 이제 녀석들도 자연의 이치에 맞게 독립이라는 순간을 맞아요. 참으로 숭고하고 아름다운 여정의 시작이죠.

실은요. 루이와 후이가 태어나는 순간, 독립의 여정은 시작된 걸지 몰라요. 완전한 한 몸이었던 우리였지만, 탄생의 순간 탯줄이라는 첫 끈이 끊어졌으니까요. 엄마 냄새 가득한 나의 품에서 젖을 먹었던 녀석들이 여기저기를 꼬물대며 다녔던 때도, 뚱땅뚱땅 서툴게 걸음마를 하던 그날도 녀석들은 홀로서기를 연습하고 있던 거죠. 누가 알려주지 않아도 자연스럽게 세상으로 향하는 용기 있는 첫 발자국을 떼었으니 말이에요.

한 폭의 수채화도 수많은 붓질로 아름답게 채워지듯, 쌍둥이의 독립 또한 세상에 태어난 순간부터 성장하는 내내 천천히 이루어졌어요. 홀로서기라는 그림을 완성하기 위해 생의 순간마다 작은 이별이라는 물감을 조금씩 칠하고, 그 색이 삶에 자연스레 스며들 수 있게 한 거예요.

우리 쌍둥이 천사도 천천히 알게 될 거예요. 엄마와 떨어진다는 것은 슬픈 일이 아니라 온전한 자기 자신이 되는 일이라는 사실을요. 판다라면 꼭 배워야 할 삶의 기술을 잘 알려주었으니, 이제는 나 없이도 새롭게 마주할 보금자리에서 그들만의 이야기를 그려나갈 거예요.

오늘은 꼭 루이와 후이에게 말해주고 싶어요. 함께하는 동안 내가 너희를 위해 할 수 있는 모든 걸 다 해주겠다고, 너희가 자라면서 세상의 아름다움을 느끼고 사랑을 배우고 행복하게 살아가길 바란다고, 그렇게 엄마는 언제나 너희와 함께 있는 거라고요.

쌍둥이 판다의 수다 5

우리 곁에 있는 모든 게 사랑이야!

루이 후이야, 외로울 땐 어떡해?

후이 갑자기? 왜? 내가 옆에 있잖아! 뭐 그런 걸 걱정해!

루이 아니… 그냥 그럴 때는 어떡해야 하나 싶어서 그렇지.

후이 왜 외로워, 루이야! 혼자 있어도 우리 곁엔 수많은 사랑이 있잖아.

루이 정말? 어디에?

후이 우리가 대나무를 먹을 때도, 깊은 잠에 빠질 때도, 술래잡기를 하거나 언덕을 뒹굴 때도 우리를 바라보는 저 눈빛들을 봐!

루이 후이야, 정말이네! 이쪽에도 있고, 저쪽에도 있어!

후이 어때, 후이 말이 맞지?
사랑은 그리 특별한 게 아니야.
그래서 우리 곁에서 쉽게 찾을 수 있지!

루이 어제도, 오늘도 사랑은 늘 곁에 있어!
특별하지 않아서 더 특별하구나!

후이 역시 루이는 슬기로운 보물이라 빨리 이해하네, 후히히!

루이 역시 후이는 빛나는 보물이라 나의 걱정도 밝혀주네, 루히히!

이 아름다운 계절의 기별
봄의 주토피아

주키퍼의 수첩

봄이 왔음을 알리는 송바오표 당근 사탕!

이제 앞발을 사용하는 것도 참 능숙한 쭈이와 후이!

어김없이 계절은 순리대로 흘러, 혹독했던 겨울의 한기가 물러난 자리에 포근한 봄기운이 차오릅니다. 사람들은 이 따스한 기별에 움츠렸던 몸을 펴고 새로운 시작을 꿈꾸는데요. 제게는 이 봄이 또 다른 의미로 다가옵니다. 이곳 판다월드의 봄은 단순히 얼었던 땅이 녹는 것을 넘어 생명의 원초적인 본능이 깨어나 절정을 향해 달려가는 역동적인 드라마가 펼쳐지는 시간이기 때문입니다.

찬바람이 가시기도 전, 판다들은 마치 내면에 자리한 오래된 시계가 알람을 울리듯 저마다의 방식으로 봄을 맞이할 준비를 합니다. 그들의 움직임은 평소보다 넓어지고, 섬세해지죠. 주변의 나무 기둥이나 바위에 조심스레 자신의 체취를 남기는 모습은 언뜻 보기엔 사소한 행동 같지만, 실은 야생의 판다들이 수백만 년 전부터 메시지를 주고받았던 방식이자 가장 원초적인 습성입니다. 그것은 '나 여기 있어'라는 존재의 확인이자, '나는 지금 이 시기를 맞이할 준비가 되었어'라는 은밀한 속삭임과도 같은 것이지요.

역시, 봄은 아이바오의 계절 같아요!

동일한 시기에 수많은 판다가 각자의 메시지를 땅과 바위와 나무 위에 수놓으면, 이 메시지들은 마치 보이지 않는 실타래처럼 얽히고설켜 서로의 존재와 상태를 탐색하게 돕습니다. 이 체취의 지도는 느리지만 분명하게 서로를 향해 이끌어주죠. 이내 암컷의 주변으로 여러 수컷 판다가 모여들기 시작합니다. 이때부터는 수컷들 사이의 치열하지만 본능적인 경쟁이 펼쳐져요. 이 우열의 겨루기는 단순히 힘을 과시하는 것을 넘어, 자신의 유전적 강점을 드러내고 암컷에게 가장 우월한 짝임을 증명하는 신성한 의식과도 같습니다.

그리고 암컷 판다는 나무 위에 올라 모든 과정을 침묵 속에 관찰합니다. 마치 현명한 군주가 왕좌에 앉아 신하들의 충성 경쟁을 지켜보듯 말이죠. 이 짧은 며칠 동안, 번식의 분위기는 최절정에 이릅니다. 암컷 판다는 가장 강하고, 가장 준비된 수컷을 선택하죠. 그러기 위해선 모든 것이 맞아 떨어져야만 합니다. 암컷과 수컷 서로가 상대에게 매력을 느껴야 하고, 무엇보다도 생체 주기가 완벽하게 '동기화'되어야 하거든요. 그제야 생명의 기적, 사랑의 결실을 맺을 수 있는 귀하고도 짧은 기회가 주어지는 것이죠. 이러한 본능은 단순히 종족 보존을 넘어, 야생에서 가장 건강하고 강인한 다음 세대를 이어가기 위한 대자연의 위대한 섭리인 것입니다.

이 순간을 항상 마음속에 간직하자는
약속 말이야!

어김없이 다가온 토끼풀의 계절
우리 이 꽃다발에 작은 약속할까?

판다들의 지극히 야생적인 삶의 드라마를 가까이에서 지켜보며 저는 늘 주키퍼의
역할을 되새기곤 합니다. 이들에게 필요한 것은 단순히 의식주를 제공하는 것을 넘어,
야생동물로서의 습성과 생활 패턴을 모든 계절에 맞춰 구현해내는 환경이라고요. 저는
그것을 제공해야 하는 책임을 절실히 느낍니다. 우리 판다월드는 다행히도 야생동물의
습성과 생활 패턴을 사계절에 맞게 잘 끌어내왔고, 앞으로도 이러한 노력을 계속
이어가야 하지요.

오늘도 나는 나의 일에 대해 생각합니다. 우리 곁에 있는 이 판다가 태초부터 지녀온 야생동물로서의 본능과 습성을 온전히 발현하며 살아갈 수 있도록 돕는 것 말이죠. 판다를 가장 판다답게, 곰을 가장 곰답게 살아갈 수 있도록 해야 하고요. 그러기 위해선 그들의 생태적인 특성을 누구보다 깊이 이해하고 존중해야만 합니다. 그들의 미묘한 체취 메시지를 읽어내고, 본능적인 경쟁과 선택의 과정을 보장하며, 사랑의 결실이 맺어질 수 있는 최적의 환경을 제공하는 것. 이것이야말로 제가 이 사랑스러운 털뭉치들의 '행복한 곰'으로서의 삶을 지켜줄 수 있는 유일한 길이라 믿습니다. 우리 판다 친구들이 저마다의 방식으로 행복한 봄을 맞이할 수 있도록, 저는 오늘도 묵묵히 그들의 삶을 탐구하고 존중하는 동행자로서 나란히 발을 맞추어 걸어갑니다.

작은 발걸음 하나에 큰 세상

풀꽃도, 낙엽 소리도 나를 행복하게 만들죠!

나 루이는 알아요. 언니와 엄마, 아빠, 게다가 후이까지 모두 성큼성큼 세상을 향해 나아갔지만, 나는 단단한 돌다리도 한 번 더 살피고, 두 번 더 헤아리는 판다라는 것을요. 사람들은 어쩌면 내 이런 모습이 조금 느리다고, 아니면 겁이 많다고 생각할지도 모르겠어요. 하지만 나는 그저, 작은 발걸음 하나에도 큰 세상이 담겨 있다는 것을 알기에 조심스러운 것뿐이랍니다!

처음 대나무를 만났을 때도 그랬어요. 후이는 먼저 덥석 물고 깨물어보며 맛을 탐색했지만요. 나는 한참을 냄새 맡고, 손으로 굴려보고, 귀를 기울여 소리까지 들어보았죠. 그 안에 숨겨진 이야기를 들으려고요. 대나무의 겉모습보다 그 단단함 뒤에 숨겨진 것들이 더 궁금했거든요.

때로는 내 안의 작은 망설임이 약점처럼 느껴질 때도 있어요. 왜 후이처럼 곧바로 뛰어들지 못할까, 왜 자꾸만 뒤돌아보게 될까 하고요. 하지만 쨔근할부지가 말했죠. "루이바오, 너의 신중함은 세상을 더 깊이 들여다보게 하는 힘이란다"라고요. 그때 알았어요. 약점이라 생각

했던 것들이 어쩌면 나만의 빛깔을 찾아가는 일에 꼭 필요한 과정일지도 모른다는 걸요.

나는 이제 더 이상 나를 숨기려 하지 않아요. 조심스러워야 한다고 생각할 때는 그렇게 행동해요. 발걸음이 느려도 답답해하지 않고요. 대신 그 발걸음마다 무엇이 담겨 있는지, 내가 무엇을 배우고 있는지 찬찬히 살피기로 했어요. 내 눈에 보이는 작은 풀꽃 하나, 귀에 들리는 낙엽 소리 하나에도 의미를 새기고요!

느리고 조심스러운 나는 가끔 원하는 것을 빠르게 가지지 못할 때도 있고 나에게 좋은 걸 뒤늦게 알 때도 있어요. 하지만 그런 아쉬움이 있기에 내 곁에 있는 것을 더욱 소중히 하게 된다는 것을 깨달았죠. 그러니까 약점은, 그저 없애버려야 하는 것이 아니라 함께 살아가야 하는 것이에요. 약점이 나를 더 행복하게 만들 수 있으니까요!

나는 빠르게 행동하지 못할 수도 있겠지만요. 내 방식대로, 내 속도대로 갈 거예요. 나를 알아가고, 세상을 배우며 슬기롭게 나아가는 거죠! 나의 '조심스러움'이라는 씨앗이 먼 미래에 어떤 열매를 맺을지 기대하며, 나는 오늘 하루도 나의 작은 세상을 탐험해요.

그러니까 기억하세요,
작은 나의 발걸음 하나에 큰 세상이 담긴다는 것을요.

엉덩방아로 쓰는 성장 일기

두려움과 걱정을 뒤로하고 우선 움직여요!

그거 알아요? 내 머릿속엔 하루에도 수십 번씩 신나는 생각이 피어올라요! 저기 높은 나무 꼭대기까지 올라가면 어떤 세상이 보일까? 루이랑 같이 동굴 깊숙한 곳에 숨바꼭질하면 얼마나 재미있을까? 그런 상상들을 할 때면요. 벌써 그 많은 모험을 다 해낸 것 같은 기분도 들고요! 세상 모든 것이 다 내 것 같아요!

근데요. 그런 상상은 참 달콤하지만요. 그저 부드러운 바람처럼 잠시 내게 머물다 사라지더라고요. 나무 꼭대기의 푸릇한 잎사귀 냄새를 맡으려면요. 두 발과 네 발을 모두 사용해 나무를 기어올라야 하죠. 내 모습이 어설퍼 보여도 어쩔 수 없어요. 때로는 미끄러져 쿵! 엉덩방아를 찧기도 하고, 나뭇가지에 코를 박고 낑낑거리기도 하고요. 살짝 민망할 때도, 눈물이

날 때도 있죠. 그래도 자꾸만 부딪히고 넘어지다 보면 어느새 작은 가지 하나는 꽉 붙잡을 수 있게 되더라고요.

엄마한테 장난칠 때도 그래요. 음… 엄마를 어떻게 하면 간지럽힐 수 있을까? 어떤 자세로 굴러야 엄마 위에 올라탈 수 있을까? 아무리 많이 생각해도, 막상 몸을 움직이지 않으면 엄마의 보송한 털 끝 하나 건드리지 못하니까요! 그냥 냅다 몸을 날리고, 엉켜보고, 같이 데굴데굴 굴러보는 거예요! 그러다 보면 엄마한테 혼날 때도, 엄마가 깜짝 놀랐다가 나랑 신나게 놀아줄 때도 있죠! 그럼 이제 몸이 기억해요! 이렇게 해야 신나게 놀 수 있구나, 하고요.

가끔은 생각이 앞서서 행동하기 어려울 때도 있어요. 저기 저 높은 곳에 올라가다 떨어지면 어떡하지? 아무도 나랑 안 놀아주면 슬프겠지? 그래도 일단 한번 몸을 움직여보면요. 생각했던 것만큼 무섭지도 슬프지도 않고요. 실패해도 다시 해볼 용기가 생기더라니까요!

넘어지고, 부딪히고, 엉금엉금 기어가고, 또 넘어지고… 모든 움직임은 서툴고 때로는 우스꽝스럽지만요. 이 순간들이 다 모여 지금의 나를 만들고 있는 것 같아요. 상상만 했다면 결코 알 수 없던 세상의 감촉과 높이, 그리고 스스로 일어설 수 있는 옹골찬 힘 말이죠.

그러니까 넘어지고 부딪히는 과정이 있더라도 걱정 말아요. 용기 내 머릿속 생각들을 몸으로 옮겨봐요. 그렇게 한 걸음, 한 걸음 내딛다 보면, 어느 순간 나도 모르는 사이에 훨씬 더 단단하고 늠름한 내가 되어 있을 거예요! 나의 이 작은 엉덩방아 하나하나가 훗날 벅찬 세상을 마주할 나를 만들어줄 테니까요!

뚠빵이들의 내일

사랑을 기억하고 함께 나눠요!

루이와 후이는 오늘도 엄마 품에서 사랑받는구나. 엄마의 향기가 풍겨오는 그 품 안에서. 너희가 정말정말 작은 판다였을 때는 엄마의 품에서 오래오래 있고 싶어 했지만, 이제는 우리 쌍둥이도 아는 것 같아. 엄마가 사랑과 함께 내어준 것들을.

쨔근할부지도 알고 있단다. 오늘도 쌍둥이는 이렇게 엄마에게 사랑해달라고 말하고 있지만, 이제는 엄마를 위해 한 발 물러설 줄 아는 판다가 된 것을. 그렇게 루이, 후이는 의젓한 뚠빵이들로 성장한 거야!

지금 이 순간 엄마의 품에서 풍겨오는 따뜻한 사랑을 마음속에 깊이 간직하렴. 루이와 후이가 더 아름답고 더 멋진 어른 판다가 되었을 때 지금 받은 이 모든 사랑을 기억하며 함께 나누는 거야. 엄마와 아빠, 이 쨔근할부지가 바라는 건 그뿐이란다!

> Notes

함께여서 행복한 보금자리
: 쌍둥이 판다의 독립, 그 순리의 이해

사랑스러운 쌍둥이 판다 루이바오와 후이바오가 어미 아이바오로부터 독립을 연습하는 요즘입니다. 시간이 어찌나 빠른지요. 그 작은 친구들이 어느새 성장해 이제는 어미를 떠나 홀로서기를 준비하는 시기가 되었다는 것이 그저 놀랍기만 합니다. 주키퍼와 수의사의 세심한 보살핌 속에서 체계적으로 진행되는 이 독립의 과정은, 판다로서 살아가기 위한 모든 기술을 아이바오에게서 전수받은 아가들이 스스로의 힘으로 나아갈 때가 왔음을 의미합니다. 자이언트판다로서 성장할 능력을 충분히 갖춘 것이니, 참 대견하죠.

아이바오와의 헤어짐을 앞둔 루이바오와 후이바오는 많은 이의 따뜻한 관심을 받고 있습니다. 아, 그렇지만 슬픔이나 연민을 담은 시선을 전할 필요는 없습니다. 판다는 우리의 반려동물이나 인간과는 분명 다른 존재이니까요.

그들은 감정을 가지고 있지만, 그 감정의 표출은 우선적으로 '생존'이라는 최우선 과제와 연결되어 있습니다. 단독 생활을 하는 습성을 가진 판다는 야생에서 살아남는 것이 삶의 목표이기에 인간처럼 오랜 시간 함께했다는 이유만으로 헤어짐에 슬퍼하거나 무기력해질 여유가 없습니다. 만약 인간의 시선에서 그런 행동이 보인다면, 그것은 생존과 연결된 또 다른 본능적인 이유 때문일 것입니다.

조금 더 설명해보자면 이렇습니다. 판다의 본성에는 마치 '자석(磁石)'의 성질과도 같은 것이 숨어 있습니다. 본래 독립적인 생활을 하는 판다는, 자석의 같은 극처럼 다른 개체들과 거리를 두는 성질을 가지고 있지만, 어미가 새끼를 낳는 순간 서로만을 강하게 끌어당기는 '자성(磁性)'을 가지게 됩니다. 우리는 그것을 '모성애'라고 부르지요. 새끼들이 성체로 성장하면 어미와 새끼 둘 다 종 본래의 독립성을 추구하며 다른 개체를 멀리하는 성질을 가지게 됩니다. 쌍둥이가 대나무를 먹게 되면서부터 최근 독립 훈련 기간까지는 바로 이 두 가지 성질이 혼재되는 시기입니다. 어쨌든 대나무와 모유를 동시에 먹으며 함께 살아가고 있으니까요.

쌍둥이는 이때 점진적으로 어미와 떨어지는 시간을 늘려갑니다. 모유 의존도를 줄이고 스스로 먹이를 섭취하며 몸과 마음을 충족하는 법도 배워가죠. 마찬가지로 아이바오도 단유하는 연습을 하며 심신의 변화를 받아들여가고요. 루이바오가 영양식빵 '워토우'를 잘 먹으며 적응하는 동안 후이바오가 아직 어려움을 겪는 것은 각자의 기질 차이가 크겠지만, 주키퍼들은 쌍둥이가 대나무와 다른 사료를 통해 온전히 영양을 충족할 수 있도록 최선을 다해 돕고 있습니다.

성체가 된 판다들이 본성에 따라 서로에게 공격성을 나타내기 전에 완전히 분리하는 것은 주키퍼와 수의사에게 매우 중요한 일입니다. 종 본래의 독립적인 특성을 유지하도록 돕는 것이 이들의 안전과 진정한 행복을 지켜주는 길이니까요. 루이바오, 후이바오가 아이바오와 떨어져서 보내는 시간이 충분히 지나면, 모두들 이 상황을 자연스럽게 받아들일 겁니다. 각자의 '생존'에 더 필요한 요소에 집중할 테고요. 아이바오 역시 젖이 마르고 쌍둥이의 어미 역할이 일단락되면 다시 암컷 판다로서의 삶을 전진할 것입니다.

기적 같은 만남 후에 다가오는 헤어짐을 지켜보는 것은 주키퍼인 제게도 물론 어려운 일입니다. 아무리 야생동물의 본성과 특징을 이해하려 해도, 우리 인간은 감정을 이입할 수밖에 없는 존재라는 것을 저도 매 순간 깨닫습니다. 하지만 이 또한 인간 중심적 사고라는 것을 다시금 되뇝니다. 이러한 나의 마음이 때로는 판다들의 올바른 행복을 방해하는 요인이 될 수 있다는 것을 잘 알고 있기도 하고요. 야생동물은 우리의 언어로 속 시원하게 말해주지 않기에 마음이 힘들 때도 당연히 있습니다. 그럴 땐 오랜 시간 그들과 함께하며 관찰하고 공부한 판다의 습성을 되새기고 그들의 행복을 위해 우리가 해야 하는 일은 무엇인지 명확히 구분하려 합니다. 그들을 위한 최선의 선택을 하기 위해 노력하는 것이죠.

우리 인간에게도 사회의 일원으로서 건강한 어른으로 성장하기 위한 과정이 있는 것처럼 판다들도 그러합니다. 사랑하는 루이바오와 후이바오가 올바르게 성장하는 그 과정을 응원해준다면 진정 판다답게 행복한 삶을 살아갈 수 있을 것입니다. 그리고 우리 또한 쌍둥이 판다의 독립 과정을 지켜보며 자기답게 날개를 펼치는 것이, 그리고 헤어지는 순간을 아쉬움이 아닌 격려의 마음으로 채우는 것이 얼마나 중요한지 깨달을 거예요. 사랑하는 이가 '가장 자기답게' 성장하고 행복해질 수 있도록 본연의 모습을 존중해주는 것이 진정한 사랑이니까요.

모든 생명이 각자의 방식으로 빛날 수 있도록 존중하는 마음, 이것이 바로 우리가 판다 가족에게서 배울 수 있는 가장 아름다운 교훈이 아닐까요?

4장

세상 어디에서도 우리는 바오패밀리죠!

슬기로운 죽순사냥꾼

죽순의 맛 같은 시원한 용기를 내요!

대나무밭은요, 나의 바다예요.
죽순은 그 속에 숨은 진주죠!
나는 그 진주를 찾아
땅속 깊이 잠수하는 잠수부랄까요?

발톱은 갈고리고요.
코끝은 탐침이죠.
흙먼지는 내 잠수복이고요.
숯검댕이 얼굴은 비밀 지도예요!

한 뼘 자란 죽순을
한 손으로 잡아들어요.

어때요? 바다에서 건져 올린 보물 같죠?

한입 베어 물면 내 입안으로

봄의 파도가 흩어져요!

나는 죽순사냥꾼!

어쩌면 흙에서 자란 죽순의

시간을 건져 올리는 어부일지도요.

흙 묻은 얼굴은
내가 건져 올린
시간의 흔적인데요.

그 흔적마다
자연의 비밀이 숨 쉬어요.

뭐라고요?
이 멋진 루이와 함께
죽순을 찾아 잠수하고 싶다고요?
아주 좋은 생각이에요!

자, 다들 각자의 바다 앞에 섰나요?
죽순을 찾아 손에 쥘 준비가 됐나요?

나만의 죽순을 찾을 때까지
때론 두렵고, 때론 외롭겠지만
그런 걱정은 하지 마요!

죽순의 시원한 그 맛을 떠올리며 용기를 낸다면
무엇이든 해낼 수 있으니까요!

빛나는 다짐

뭐든지 할 수 있고, 뭐든지 될 수 있어요!

세상 사람들, 나를 보세요!
이 작은 몸에 얼마나 큰 꿈이 담겼는지요!
내가 두 눈을 반짝이며 '해보자!' 마음먹는 순간,
모두 깜짝 놀라 뒤로 넘어갈걸요?
후헤헷, 기대해도 좋아요!

나는 말이에요,
대나무숲을 뒤흔드는 바람처럼 멋진 몸짓을 가지고 싶어요!
엄마 품처럼 포근한 햇살이 되고도 싶고요.
아니, 저 멀리 반짝이는 별이 될래요!

이 작은 앞발로 콩, 콩콩 땅을 딛고 서면
어떤 어려운 길도 척척 헤쳐 나갈 수 있거든요.

넘어져도 괜찮고요, 털썩 주저앉아도 괜찮아요.
다시 오뚝 일어나는 게 바로 나, 후이바오거든요!

내가 마음만 먹으면 말이죠,
세상 모든 걸 다 배우고, 세상 모든 걸 다 이룰 수 있죠!
나는 뭐든지 할 수 있고, 뭐든지 될 수 있거든요!

그러니 지켜봐줘요,
오늘보다 내일 더 빛날
후이바오의 반짝이는 세상을!
내 이름처럼, 반짝반짝 빛날 테니까요.

알겠죠?
나처럼 그 빛나는 두 눈,
후이바오에게만 집중하기!
약속!

엄마가 내어준 자리

세상 어디에도 없는 행복한 2층 침대죠!

오늘은 사이좋게 루이와 후이가 위층을 쓰기로 했어요. 엄마가 내어준 그 자리로 향해 천천히 가죠. 옆에서 후이의 숨결이 느껴지고요. 사방에서 엄마의 따뜻한 마음이 우리 둘을 감싸 안아주는 듯해요!

밤하늘 별빛이 창문을 스치고 나는 그 빛 속에서 꿈을 꿔요. 엄마가 내어준 2층 침대 위에서 내 마음도 천천히 자라요. 가끔은 괜히 무섭기도 해요. 밤의 괴물이 나오면 어쩌나, 걱정이 되는 건데요. 그래도 후이와 함께라서, 엄마가 내어준 자리라서 금방 편안해져요! 2층 침대가 바로 세상 어디에도 없는 안전한 성인 거죠.

엄마, 고마워요. 내가 멋진 자이언트판다가 되어도 이 밤을 잊지 않을 거예요. 후이의 숨결과 엄마의 사랑을 안고 늘 행복한 2층 침대에 있었다는 그 사실을 말이죠!

그니까 후이야, 자꾸 뒤척이지 말고!

쨔근할부지 놔두고!

얼른 내 곁에 누우란 말이야.

빨리 꿈나라 좀 가자!

쨔근할부지의 선물

오늘을 슬기롭고 빛나는 시간으로 채워가요!

쨔근할부지는 우리가 즐겁고 신나게 하루하루를 보낼 수 있도록 매일 가장 가까이에서 도와주는데요! 쨔근할부지가 그런 사랑스러운 일상을 스마트폰에 담아가곤 하죠. 어때요? 돌멩이들에게 잘 전해지고 있나요? 후히힛!

우리 쨔근할부지가 돌멩이들에게 보여주는 영상은요. 내 하루의 한 조각일 뿐일지 몰라요. 그래도… 이왕이면… 행복으로 여러분의 심장을 요동치게 했으면 해요. 나의 전부를 보거나 듣지 않아도 돼요. 우리의 즐거운 그 짧은 순간만으로도 돌멩이들을 기분 좋은 상상에 빠지게 했다면, 나는 만족하거든요!

나는요, 숨기지 않아요! 재밌을 땐 재미있어 하고, 졸릴 땐 자고, 배고플 땐 먹어요! 투명하게 드러나는 나의 표정과 행동이 돌멩이들을 기쁘게 하는 것 같아요. 맞죠?

자, 행복의 걸림돌 따위는 슬기롭게 점프해버려요! 그러다 보면 어느새 빛나는 하루가 내 앞에 딱! 나타나는 거예요! 우리가 담긴 짧은 영상으로도 충분하죠! 오늘도 우리가 마주하는 모든 장면을 슬기롭고 빛나는 시간으로 채워가요!

쌍둥이 판다의 수다 6

하나에 하나를 더하면 더 뚠빵한 쌍둥이죠!

루이 자아, 손가락을 하나 펴세요!

후이 이제에, 손가락 하나를 더 펴세요!

루이 그럼 손가락이 총 몇 개죠?

후이 두 개죠!

루이 맞아요, 쌍둥이 판다 루이와 후이가 이제 두 살이 됐어요!

후이 손바닥보다 작았던 우리가 이렇게나 빨리, 많이 컸죠?

루이 나는 엄마, 아빠랑 언니보다요, 더 뚠뚠해질 거예요!

후이 나는 쨔근할부지보다 더 재미있는 장난을 칠 거예요!

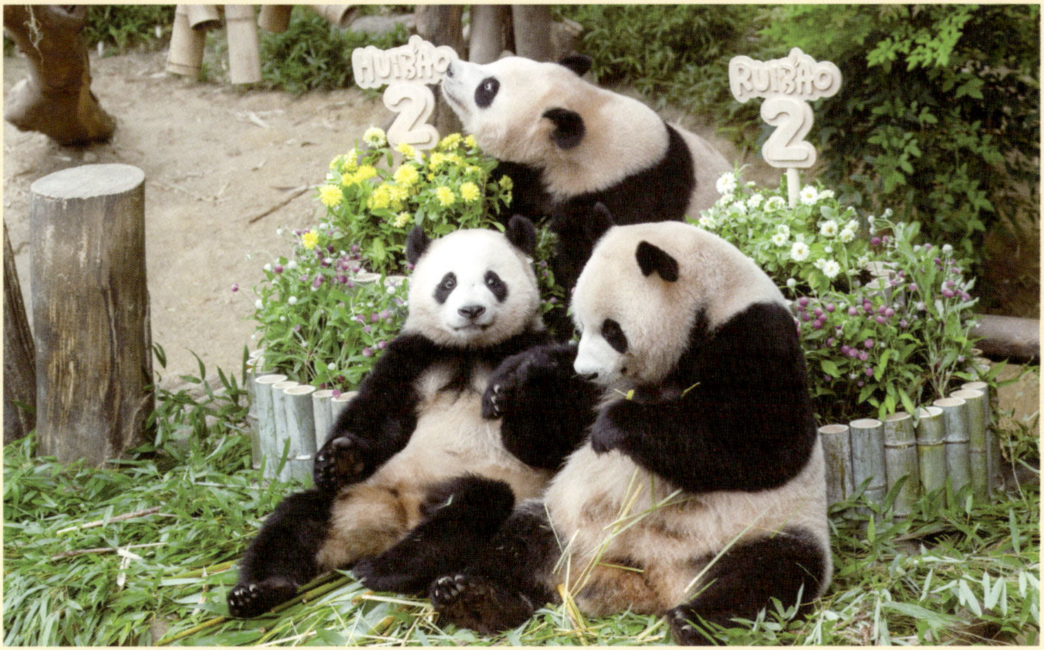
HUIBAO
2
RUIBAO
2

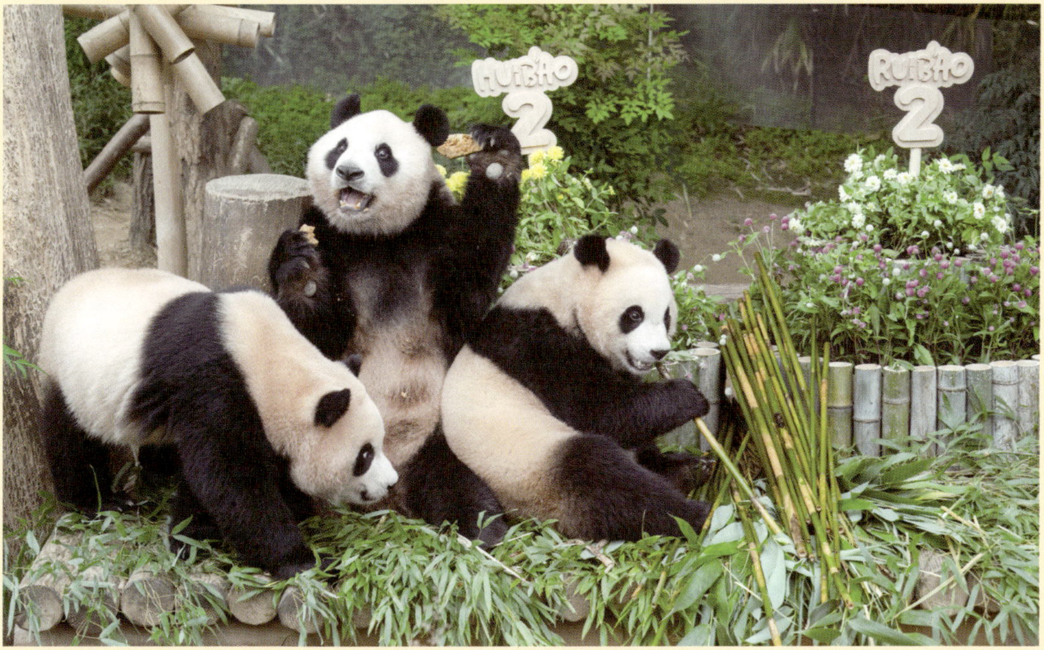
HUIBAO
2
RUIBAO
2

엄마의 당부

아이바오

사랑하는 뚠빵이들의 내일을 기대해요!

국내 최초 쌍둥이 아기 판다 루이바오와 후이바오도 이제 두 살이 되었어요! 참 든든한 뚠빵이들로 자라났죠. 맛있는 우유도, 따뜻한 사랑도 많이많이 받으면서요. 엄마, 아빠처럼 멋진 자이언트판다가 될 녀석들의 내일이 기다려져요!

녀석들은 그동안 수없이 넘어지고 부딪히며 자연의 이치를 배웠어요. 나도 많이 알려주었죠. 서로 다른 성격을 가진 녀석들이 사이좋게 지낼 수 있는 방법, 더 커지는 발톱과 이빨을 필요할 때만 사용해야 하는 이유들을요. 든든한 몸집을 가지게 된 만큼, 사랑도 살살, 부드럽게 표현해야 하죠.

그리고 잊지 않고 말해줬어요. 자이언트판다의 습성에 따라 혼자서도 씩씩하고 당당하게 살아가야 한다고요. 나무 위에 오르는 시간도 잘 지키고요. 건강하게 하루하루를 보내야 한다

고요. 더 잘 먹고, 더 활발하게, 무엇보다 판다답게요! 그래도 녀석들의 어리광과 애교는 귀엽게 봐주세요! 어른 판다가 되려면 아직 두 살은 더 먹어야 하니까요. 호호!

우리 루이와 후이는요. 엄마에게 받은 사랑과 바오패밀리라는 사실을 잊지 않고 계속 슬기로운 도전과 빛나는 시작으로 매일매일을 가득 채워나갈 거예요. 그리고 여러분에게 받은 사랑을 또 다른 이들에게 나눠줄 준비를 하겠죠!

음… 그래도 작은 바람이 있다면요.
조금은 천천히… 자라줬으면 좋겠어요.
아이들의 행복을 우리 눈과 마음에 가득 담을 수 있게요!

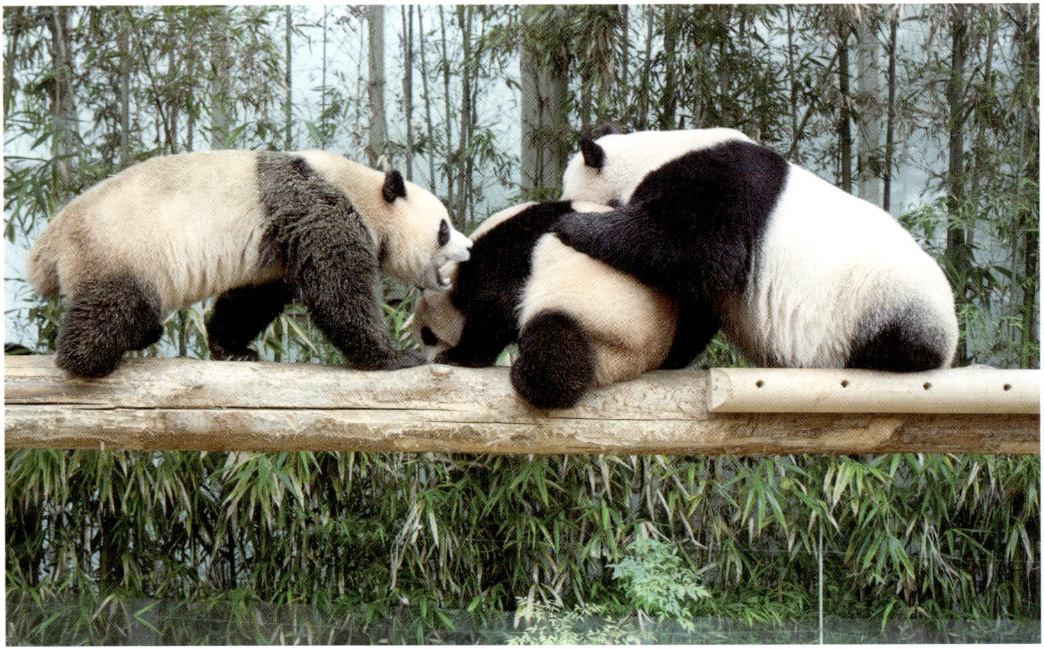

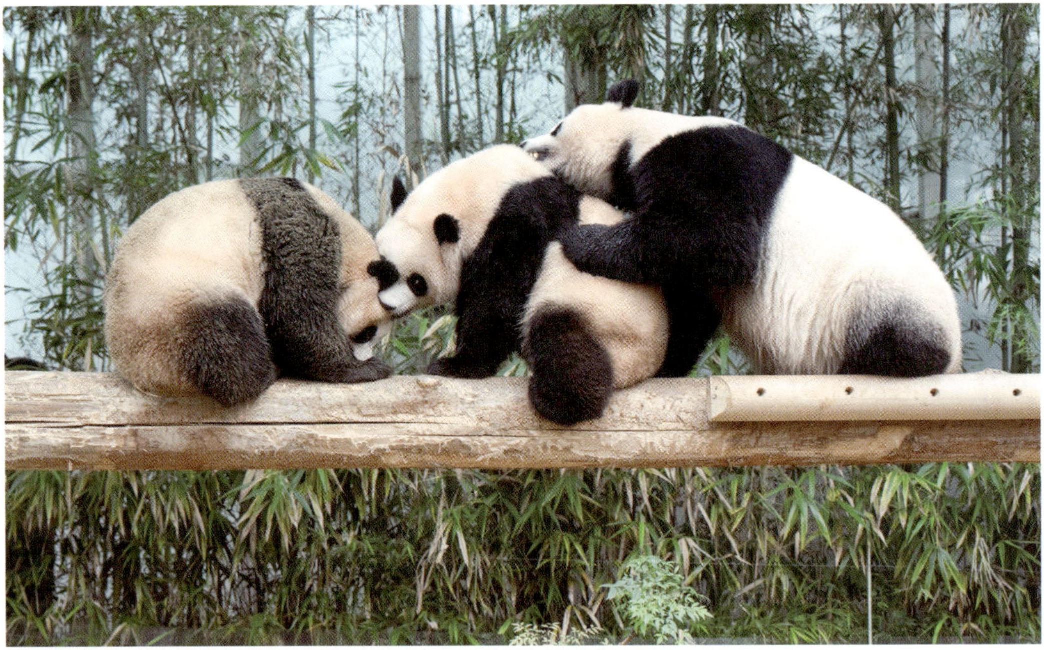

판다의 지혜

야생동물의 진정한 아름다움을 알려줄게

루이야, 후이야. 이곳은 푸른 대나무숲이란다.
햇살 좋은 날이면, 뒹굴뒹굴 웃음꽃 피우는 아름다운 곳이지.
보드라운 풀 위에 누워서 맛있는 죽순도 냠냠 먹곤 해.
채식만 해서 그런가. 다들 우리를 귀엽다고 말해.
근데 말이지, 저길 한번 봐.
우리가 먹고 자라는 저 대나무 말이야.
겉은 되게 부드러워 보여도 속은 엄청 단단하잖아.
우리 판다들 마음속에도 그런 게 숨어 있대.
그 단단한 대나무를 닮은 야생의 기질 말이야.
용맹함이 번뜩일 판다의 멋진 모습과 비슷하지?
해맑은 웃음 속에 숨겨진 대나무 뿌리 같은 진중함,
동그란 눈 속에 담긴 숲을 아우르는 깊은 카리스마!
대나무처럼 단단한 기질로 씩씩하게 살아가는
우리 자이언트판다는 대단한 야생동물이란다.
판다의 진정한 아름다움은
바로 그런 것일지도 몰라!

주키퍼의 수첩

후이바오의 워토우 적응 일지
여름의 주토피아

올 여름은 우리의 쌍둥이 천사 주이바오, 후이바오가 엄마로부터의 분리를 연습해나가는 과정이었어요. 단유를 천천히 준비하는 동안 쌍둥이의 건강에 문제가 없도록 수의사님들과 깊이 있게 논의하며 음식과 생활 전반의 상태를 세심히 체크했죠. 아이바오가 휴식을 잘 취할 수 있도록 돕고, 주이와 후이가 단백질과 섬유질이 많이 든 워토우에 잘 적응할 수 있도록 신경 썼어요.

주이는 영양식 케이크 워토우를 한 손에 쥐고 척척 잘 먹었는데요. 우리의 빛나는 보물 후이바오는 너무 낯설어 했죠. 아마도 아빠인 러바오의 식성을 닮은 거겠죠? 가끔은 후이에 대한 걱정이 앞서 한숨이 나오기도 하지만, 괜찮아요! 저는 주키퍼니까요! 당근, 사과와 소량의 워토우를 섞어 차례차례 주면서 맛과 질감, 향에 익숙해질 수 있도록 했죠. 짧지도, 쉽지도 않은 시간이었지만, 후이가 워토우를 잘 먹게 할 수 있다면 얼마든 인내심을 발휘할 준비가 되어 있었죠. 중국에 가서도 워토우는 꼭 먹어야 할 부사료이기에 미리 적응시키는 게 판다월드의 짜근할부지 송바오가 맡은 가장 큰 과제 중 하나였어요!

1단계: 워토우 숨기기 대작전

목표 워토우에 대한 거부감을 최대한 줄일 수 있게 돕기!

실행 사과 50g, 당근 200g을 작게 썰어서 총 50조각을 만들었어요. 그리고 각 조각 속에 워토우 3g씩을 몰래 숨겼답니다. 후이가 워토우를 싫어할 때마다 보이는 질색하는 표정이 마음에 걸려서 아주 조심스럽게 접근했죠. 다행히도 후이는 숨겨진 워토우를 맛있게 먹어줬어요.

2단계: 워토우라는 존재를 인식시키기

목표 워토우를 과일과 함께 인식시키면서 자연스럽게 먹는 연습을 유도하기!

실행 같은 크기의 과일과 워토우 조각을 번갈아 가며 후이 입에 넣어주기 시작했어요. 워토우를 확실하게 인식(후각, 시각)시켜나갈 예정이에요. 조급해하지 않고 천천히! 이게 제 철칙이랍니다.

3단계: 워토우 우선순위 높이기

목표 워토우를 과일보다 먼저 먹도록 유도하면서, 워토우에 대한 긍정적인 인식을 강화하기!

실행 어제 오후부터 과일과 워토우 조각을 나란히 주면서, 워토우를 먼저 먹고 후에 과일을 먹는 식의 적응 단계를 차츰 발전시키고 있어요. 이때 후이의 눈빛과 표정, 미묘한 행동 변화를 살피며 속도 조절을 하는 게 중요하죠. 제 인내심이 시험대에 오르는 순간이었지만, 후이는 기특하게도 잘 따라와주었답니다. 나중에는 워토우 조각 6~7개(약 8g)를 스스로 먹고 이어서 과일을 먹는 모습까지 보였어요. 얼마나 기특하던지요! 워토우 먹기 프로젝트의 진도를 빨리 나가고 싶은 욕심이 나는 것도 사실이에요. 하지만 워토우가 침과 섞여 끈적해지는 것에 미묘한 불편함을 느끼는 후이의 모습을 보면서 서두르지 않기로 마음먹었죠.

4단계: 워토우 자율 섭취 훈련

목표 후이가 스스로 워토우를 집어 먹게 도와주기!

실행 후이는 큰 덩어리를 스스로 먹는 데는 아직 주저하고 있어요. 전처럼 다른 과일 조각으로 꼬치를 만들어주긴 했지만 여전히 쉽지 않았죠. 그래도 짜근할부지인 제가 손에 쥐여주는 워토우 조각은 받아먹기 시작했어요! 평소보다 크게 썬 과일을 함께 준 게 워토우에 대한 편견을 줄여준 모양이에요. 그리고 마침내! 길게 썬 과일과 워토우 조각을 같이 잡더니 스스로 먹었답니다. 이제는 제법 큰 덩어리도 잘 먹고 있어요. 자칫 후이의 마음속에 있는 '그만두기' 방아쇠가 당겨지지 않도록 살피면서 조심스럽게 접근 중이랍니다.

5단계: 지속 관찰 후 새 전략 수립

목표 주이를 향한 경쟁심 없이도 워토우를 잘 먹게 도와주기!

실행 이제는 후이가 과일과 워토우 등으로 구성된 부사료 중 워토우부터 먹도록 유도하고 있어요. 참, 혼자 있을 때도 워토우를 먹는 게 중요해요! 그래서 주이가 없을 때 워토우를 먹는 연습을 늘려가고 있어요. 경쟁심이 없이도 잘 먹어야 하니까요. 흥미로운 사실을 발견했는데요! 후이는 같은 무게여도 두툼한 워토우보다는 얇고 긴 워토우를 선호하더라고요. 녀석의 작은 취향을 발견해 얼마나 즐거웠는지요!

어때요? 워토우 먹는 일에도 참 많은 훈련이 필요하죠? 그래도 이런 시간들이 참 소중해요. 훈련하면서 아이들을 더 자세히 관찰할 수 있으니까요. 녀석들이 강인하게 성장하고, 어디서든 잘 적응할 수 있는 초석 같은 시간이 될 거라 믿어요. 새로운 일상을 앞둔 쌍둥이에게는 더욱 필요한 과정일 거고요. 이대로라면 우리의 후이바오는 분명 아빠 러바오처럼 멋진 워토우 전문가가 될 거예요!

루이의 MBTI는요

경이롭고, 지혜롭고, 사려 깊고, 따뜻하대요!

쨔근할부지가 루이 MBTI를 알려주겠대요! MBTI가 뭐냐면요. 자기 마음 깊은 곳에 자리한 알맹이 같은 거래요. 마음속에 품은 작은 거울이랄까요? 경이로운 자연 속에서 살아가는 판다에게도 그런 게 있대요. 그래서 나는 모든 궁금증과 사랑스러운 물음표를 한데 모아 물었죠. "그럼 내 MB..I? MTB..? MBTI가 뭐예요?" 그러자 쨔근할부지는 오직 나만을 위한, 세상 그 어디에도 없는 특별한 네 글자의 MBTI를 선물해주었어요! 바로 'W.I.S.E'래요!

'W'는 멋지다는 의미의 'Wonderful'의 약자래요. 나 루이는 언제나 숨겨진 경이로움을 발견하곤 하니까요. 새벽이슬이 잎새 끝에 매달려 반짝일 때, 그 작은 물방울 속에서도 세상의 모든 숲과 강물의 이야기를 읽어내듯이요. 나뭇잎 하나의 떨림, 빗방울이 바닥에 부딪히는 소리, 바람이 실어다 주는 작은 씨앗 하나에도 원더풀한 시선이 담겨 있대요!

'I'는 직관적이라는 의미의 'Intuitive'의 약자래요. 루이의 지혜로운 눈빛을 의미한다죠. 두터운 껍질 속의 알맹이를 알아보고, 스치는 바람 소리에서도 내일의 기척을 알아채고, 보이지 않는 곳에서 샘솟는 물줄기의 방향을 짐작할 수 있는 멋진 판다니까요! 아직은 내가 많이 어려서 완벽하지 않지만, 세상을 향해 조용히 귀를 기울이는 그 감각이 정말 훌륭하다는 말이래요!

'S'는 슬기롭다는 의미의 'Sagacious'의 약자래요. 드넓은 대나무 숲길을 걷다 보면 헤매기도 하지만 곧 바른 길로 돌아와 든든한 발걸음을 내딛는 루이이기 때문이라죠. 나의 마음이 진정으로 향하는 곳은 어디인지, 그리고 그것이 모두에게 평화롭고 올바른 방향인지를 깊이 헤아릴 줄 아는 판다가 될 거래요! 내가 그렇게 멋진 판다인지는 모르겠지만, 지금처럼 서두르지 않고, 작은 돌부리에도 넘어지지 않도록 신중하게 지내면 되겠죠?

마지막으로 'E'는 이해심이 있다는 의미의 'Empathetic'의 약자래요. 작은 새의 미세한 떨림까지도 온몸으로 헤아릴 줄 아는 따뜻한 온기가 나에게 있대요! 정말 그런가요? 사려 깊게 마음을 쓰고, 매일 배우고, 현명하게 살아가면 나도 그런 멋진 어른 판다가 될 수 있겠죠?

영어가 어려워서 사실은 조금 이해하지 못했지만요. 쨔근할부지 말은 앞으로도 이 'W.I.S.E'라는 나만의 MBTI를 가슴에 품고 자라라는 뜻 같아요. 세상의 경이로움을 온몸으로 받아들이고, 본질을 꿰뚫는 직관으로 현명한 길을 걸어가며, 따뜻한 마음으로 모두에게 공감하는 루이로 성장할게요! 슬기로운 보물이 되기 위해서요! 고마워요, 송바오!

후이의 MBTI는요

빛나고, 반짝이고, 귀엽고, 찬란하대요!

나는야, 빛나는 보물 후이바오. 루이가 'W.I.S.E'라는 멋진 MBTI를 선물 받고, 그 안에 담긴 깊은 의미들을 하나하나 이야기하는 걸 들었는데요. 쨔근할부지가 나에게도, 오직 나만을 위한, 어쩌면 루이의 것보다 더욱 반짝이고 활기 넘치는 MBTI가 있다고 하는 거예요! 그건 바로, 밤하늘의 가장 빛나는 별을 따서 지어준 것 같은 'S.T.A.R'예요!

'S'는 빛난다는 의미의 'Sparkling'의 약자래요. 내가 걸음을 옮기는 곳마다, 나뭇잎 사이로 부서지는 햇살처럼 새로운 활기가 톡톡 터져 나오니까요! 조그마한 몸짓에도 온 세상이 화답하듯 반짝이는 거죠. 나의 에너지는 마치 탄산수처럼 맑고 경쾌하게 퍼져나가고요. 그래서 나를 보는 사람들의 마음은 기쁨의 조각으로 가득하다지요!

'T'는 반짝인다는 의미의 'Twinkling'의 약자래요. 내가 호기심 가득한 두 눈으로 세상을 올려다볼 때마다, 밤하늘의 어린 별이 깜빡이듯 나의 총명함이 빛나니까요! 아직은 모든 것이 서툴지만, 나의 시선은 작은 꽃잎 하나, 이름 모를 작은 벌레 한 마리도 열심히 쫓으며 세상을 탐색하죠.

'A'는 귀엽다는 의미의 'Adorable'의 약자래요. 나의 작은 몸짓, 어설픈 장난, 엉뚱한 표정 하나하나에도 모두의 입가에는 포근한 미소가 피어난다고 해요. 나의 매력은 역시 잘 익은 복숭아처럼 달콤하고 부드러워서 보는 이의 마음을 단번에 녹여버리죠! 앞으로 살아가며 만날 그 어떤 벽도 나의 순수한 사랑스러움으로 허물어뜨리라는 쨔근할부지의 말이 기억에 남아요! 사랑받는 만큼, 나 또한 세상에 사랑을 나누어줘야겠죠.

'R'은 찬란하다는 의미의 'Radiant'의 약자래요. 나는 해바라기처럼 언제나 빛을 향해 고개를 들고, 내 안에서 샘솟는 따뜻한 에너지를 주변에 나누어주고 싶어 하니까요. 나의 빛으로 세상 모든 곳을 환하게 비추기를, 세상에 긍정적인 에너지를 널리 퍼뜨리기를 바라는 쨔근 할부지의 마음이 담겨 있는 거죠.

나는 앞으로도 이 'S.T.A.R'라는 나만의 MBTI를 가슴에 품고, 세상의 가장 밝은 곳에서 빛날 거예요. 호기심 가득한 눈으로 진실을 찾고, 한없이 사랑스러운 마음으로 모두를 끌어안고, 뜨거운 열정으로 주변을 환히 밝히는 후이가 될 테죠! 마음 깊은 곳에서 피어나는 충만한 기쁨을 세상에 전하며 살래요!

엄마에게 배운 것

나다운 판다가 될게요!

이 넓고 푸른 보금자리에서 눈을 떠요. 다들 알겠지만, 처음에 이 세상은 온통 궁금함투성이였어요. 배우고 익히는 하루하루는 어제와 또 다르게 새롭고 신비로웠거든요. 오르는 법, 구르는 법, 대나무 잎 하나를 맛보는 법까지… 모든 것이 제게는 작은 도전이었던 거예요!

엄마와 아빠, 할부지들, 이모들 덕분에 지금껏 잘 헤치고 왔는데요. 사실 나도 알아요. 앞으로는 내 두 발로 서고 나의 힘으로 살아가야 한다는 것을요. 때로는 넘어졌고 부딪혔지만, 나를 응원하는 눈빛들 덕분에 오뚝이처럼 일어났어요! 그런 나를 보며 엄마가 말했죠.

"루이야, 그렇게 최선을 다할 때 세상은 네게 조금씩 더 깊은 속내를 보여줄 거란다."

엄마 말이 맞아요. 우리 엄마는요. 높은 나무에 오를 때도, 단단한 대나무의 줄기를 맛볼 때도, 땅에 떨어진 대나무 잎 하나를 집어들 때도 늘 야무지고 빈틈이 없거든요. 잎 하나를 골

라도 가장 싱싱한 것을 고르고, 가지 하나를 잡을 때도 가장 튼튼한 곳을 짚죠. 무심코 하는 행동처럼 보여도 그 사소한 몸짓 안에 무수한 경험과 세월이 쌓아 올린 지혜와 실력이 담겨 있다는 걸 난 알아요.

나요? 나는요… 아직 서툴러요. 배워야 할 게 많고요. 그래도 엄마처럼 매일매일 최선을 다해 살 거예요. 작은 잎 하나를 살피는 세심함으로, 단단한 대나무 줄기를 깨무는 끈기로, 새로운 길을 탐색하는 용기로! 그렇게 한 걸음 한 걸음 나아가 내 안의 실력을 단단히 다져나갈 거랍니다!

짜근할부지에게 알려준 것

용기와 열정만 있다면 다시 일어날 수 있어요!

아침 햇살이 내 겨드랑이를 간질이면요. 나는 웃으면서 일어나 새로운 하루를 맞이하죠. 세상은 온통 신기한 것 투성이예요! 발을 내딛는 곳마다 새로운 모험이 기다리고 있어요. 저 나무 높은 곳에 달린 나뭇잎은 어떤 맛일까? 저기 빠르게 굴러가는 낙엽을 어떻게 따라잡을까? 호기심이 나의 작은 발을 자꾸만 움직이게 해요!

하지만 엄마 말대로 세상은 만만치가 않아요. 나무에 오르려다 미끄러지고, 공을 쫓아가다 발이 엉켜 땅바닥과 인사를 나누기도 하거든요. 쿵! 아야! 때로는 바닥에 찧은 무릎이 아프기도 하고, 마음속에서 '다음에 또 넘어지면 어쩌지?' 하는 먹구름이 피어오르기도 해요. 그럴 때면 잠시 주춤하게 돼요. 다시 도전할 용기가 사그라들기도 하고요.

그런데 말예요. 어느 날 나는 문득 깨달았어요. 정말 무서운 건 넘어져서 아픈 게 아니라, 넘어질까 봐 겁이 나서 아예 일어설 생각조차 하지 않는 거라는 걸요. 있잖아요. 넘어져서 아픈 건 잠깐이에요. 그리고 비밀인데요. 우리 판다는 진짜 튼튼해서요. 아픈 것보다 놀란 게 더

크게 마음을 덮치기도 해요. 그러니까 넘어져도 흙을 툭툭 털고 일어나면 그만인 거예요. 새로운 것에 대한 호기심, 저 높은 곳을 향한 나의 뜨거운 열정! 가슴속에서 뜨겁게 타오르는 그 불씨를 스스로 꺼뜨려버리지 않을 거예요!

그러니까, 쨔근할부지! 나 후이처럼 두려워하지 마요! 도전하다 실패하는 건 부끄러운 일이 아니라니까요! 그러니까 내가 쨔근할부지 발을 잡을 때, 넘어져도 괜찮아요. 나처럼 다시 일어나면 되니까요! 다시 일어설 뜨거운 열정만 있다면, 송바오의 하루하루도 후이바오처럼 눈부시게 빛날 거예요.

루이와 후이에게

자기 자신의 모습으로 슬기롭게 빛날 쌍둥이에게

사랑하는 나의 아가들아! 너희가 남기고 간 온기를 생각하며 엄마는 이렇게 편지를 써. 우리 쌍둥이 루이와 후이는 어떤 어른이 될까? 엄마는 참으로 궁금하단다.

그거 아니? 너희가 앞으로 걸어갈 길 위에는 언제나 바람이 불어올 거란 걸. 때로는 따스한 봄 바람처럼 너희를 간지럽히며 희망을 속삭일 거야. 하지만 때로는 차가운 겨울바람처럼 너희를 흔들고 넘어뜨리려 할 테지. 그 수많은 바람을 헤치고 너희는 홀로 나아가야 할 거야. 그때, 너희의 마음 깊은 곳을 잘 들여다보렴. 그곳에 심어진 작은 별 하나가 있을 테니까. 그건 너희를 위한 옳고 바른 것이 무엇인지 알려주는 나침반 같은 거란다. 그 빛을 따라가다 보면 너희 안의 고요하고 진실된 목소리에 더 집중할 줄 아는 단단한 마음을 가질 수 있을 거야.

루이와 후이는 너희들을 사랑하는 엄마, 아빠, 할부지들, 이모들의 따뜻한 응원을 받으며 더 멋지게 성장할 거야. 자고 먹고 노는 그 순간순간에 온 마음을 쏟으렴. 그런 시간들이 모여 너희의 삶을 더욱 풍요롭고 아름답게 채워줄 테니까. 세상에 좋은 향기를 남기고, 함께 더불어 행복해지는 일… 그것보다 더 소중하고 의미 있는 일은 없단다. 그러니 매일 마음의 밭에 슬기롭고 빛나는 작은 씨앗들을 심고 가꾸는 판다가 되어야 해.

때로는 아주 미묘하고 눈에 잘 띄지도 않는 작은 행동 하나하나가 아주 큰 차이를 만들어. 지금 당장은 아무 의미가 없어 보여도, 시간이 지나고 계절이 바뀌어 돌아보면 저 멀리 지평선 너머 완전히 다른 풍경을 펼쳐놓을 수 있지. 한 톨의 씨앗이 거목이 되고, 이슬이 방울방울 모여 큰 강을 이루듯, 너희가 옳다고 생각하는 작은 용기와 중요하다고 여기는 작은 실천 하나하나가 결국은 너희의 세상을 바꾸는 커다란 힘이 될 거란다.

그러니 아이들아, 바람이 불어와도 움츠러들지 말고, 그 바람 속에서 너희의 나침반을 단단히 붙잡고 나아가렴. 옳음을 향한 너희의 발걸음, 소중함을 향한 너희의 시선이 모여 가장 아름다운 대나무숲을 만들어낼 거야.

루이가 늘 따스하고 지혜롭기를,
후이가 언제나 자기 자신으로 빛나기를…
엄마는 언제나 여기에서 너희를 지켜보며 응원할게!

쌍둥이 판다의 수다 7

루이와 후이의 세컨하우스

슬기로운 보물 루이바오와
빛나는 보물 후이바오에게
엄마의 품은 따뜻한 햇살 같았어요.

그 품에서 키도 쑥쑥 자랐고,
아장아장 걷던 작은 발로
이제는 뚱땅뚱땅 힘껏 뛰어다니죠.

그동안 엄마를 보고 용기 얻었으니
새로운 세상으로의 출발도 문제없어요!

새로운 집 '판다 세컨하우스'는
루이와 후이의 작은 별이에요.
반짝반짝 빛나죠.
엄마의 사랑은 루이와
후이의 길을 비춰줄 거예요!

판다월드의 사랑스러운 보물들
루이와 후이는 뚱땅뚱땅 신나게 달려요!

이곳은 선물 상자예요.

재미난 이야기로 가득하죠.

새로운 바람, 새로운 향기, 새로운 생각들로 채워져 있어요.

궁금한 게 많은 우리는 씩씩하고 당당하게 여기저기 탐험할 거예요!

엄마가 알려준 것들을 마음에 심어뒀으니,

우리는 무럭무럭 자라 자이언트한 판다가 되겠죠?

언젠가 언니처럼, 우리는 세상을 환하게 밝힐 거예요.

루이와 후이는 바오패밀리의 자랑이니까요.

엄마에게 받은 사랑과 바오패밀리의 이름을 잊지 않고,

슬기로운 도전과 빛나는 시작으로

매일매일을 행복하게 채워나갈래요!

두 번째 시작

우리는 언제나 행복으로 이어질 거야

나는 바라, 훗날 루이와 후이가 우리를 행복으로 이끄는 길잡이가 되길
쌍둥이와 함께하는 모두에게 행복의 여정이 계속 이어지기를

나는 바라, 따뜻한 마음이 우리 주변에 숨은 행복을 발견해주기를
행복은 언제나 우리들의 곁에 소소하게 자리하고 있으니
모두의 마음이 행복으로 충만하기를

또한 나는 바라, 앞으로 펼쳐질 나날에도
더욱 뚠빵하고 포근한 행복의 시간이 가득 쌓이기를

변함없이 나는 바라,
우리는 세상 어디에서든 행복으로 연결된
'바오패밀리'로 영원하기를

진심으로 바라고, 또 바라

{ Notes }

바오패밀리와 나의 약속

주키퍼로서 나는 늘 한결같은 마음으로 야생동물들의 행복과 건강을 지키는 일에 최선을 다해왔습니다. 23년이라는 시간 동안 나에게 가장 중요한 것은 바로 직업윤리였습니다. 정직하게, 성실하게, 그리고 묵묵히 동물들의 곁을 지키며 그들의 삶에 조금이나마 도움이 되고자 했죠. 열정과 신용, 근면과 성실, 그리고 서로 공존하는 삶에 대한 존중과 헌신을 직업윤리 안에서 지키는 일. 그게 저의 기본이자 뿌리였습니다.

판다월드에서 바오들을 만나고부터 주키퍼로서의 역할은 한 차원 더 깊이 확장되었습니다. 단순히 동물을 돌보는 것을 넘어, 자연과 사람 사이를 이어주는 다리이자 동물 이야기를 세상에 전하는 사람이 되었죠. 그 순간부터 저는 '업의 신념'이라는 새로운 가치를 갖게 되었습니다.

자연과 문명, 인류와 동물이 서로 공존하는 세상을 꿈꾸고 이야기하는 것은 쉬운 일이 아니지만, 따뜻한 진심과 솔직한 마음을 담아 대중과 만난다는 점에서 매우 뜻깊은 일임을 체감합니다. 그리고 그 진정성은 어디서나 통한다는 것을 배웠습니다. 대중은 겉치레가 아닌 진심을 단번에 알아보니까요. 그래서 글쓰기는 물론이고 유튜브와 같은 미디어를 통해 내가 판다월드에서 마주하는 판다 가족들과 오늘날 동물원의 역할, 생물 다양성과 같은 중요한 주제를 보다 널리 알리려 노력하고 있습니다.

카메라 앞에 서고, 화면 너머의 사람들을 생각하며 글을 쓸 때마다 나는 내 안의 책임감과 연민을 더 또렷하게 마주합니다. 그런 과정 자체가 실무 능력을 높여준 것은 물론 사람으로서의 깊이를 더해주더군요. 무엇보다 대중과 소통하며 우리의 이야기를 진솔하고 솔직하게 전하는 과정에서 내가 하고자 하는 일의 의미와 가치를 더욱 선명하게 깨닫습니다. 책과 영상에 나와 동물의 이야기를 담기 위해 '내가 누구이고 무엇을 지향하는가'를 수없이 고민하니까요. 진정성 있는 마음가짐 없이는

그 많은 사람의 마음을 움직일 수 없다는 사실 또한 잘 알고 있기에 더 깊이 있는 질문을 스스로에게 던지는 것이죠.

삶의 모든 순간이 판다와 동물들을 돌보며 느끼는 기쁨과 보람으로 가득 차 있는 것은 아니기에 슬럼프도, 주키퍼로서 할 수 있는 최선의 선택에 대해 고뇌하게 되는 순간도 자주 찾아옵니다. 그때마다 '이 일을 할 수 있는 것만으로도 이루 말할 수 없는 행운'이라는 생각이 저를 붙잡아주더군요. 그래서 비슷한 고민을 하는 후배 주키퍼들에게 이런 이야기를 전하곤 합니다. 만약 힘들고, 미래가 불투명하다고 느껴질 때는 자신이 처음 가졌던 직업윤리를

다시 돌아보라고요. 대부분의 답은 그 안에 숨어 있거든요. 직업윤리라는 단단한 뿌리 위에 자기만의 비전을 다시 세워가는 과정은 누구에게나 필요하니까요.

나 또한 20년 넘게 성실히 동물을 돌보면서 그 안에서 '나만의 비전'을 키워왔고, 이제는 이 비전이 '업의 신념'이라는 굳건한 가치로 자라났습니다. 직업윤리, 비전, 그리고 업의 신념. 이 세 가지가 서로 맞물리고 긴밀하게 연결될 때, 진정한 전문가로서 인정받고 주키퍼로서의 길이 더욱 보람차고 깊어진다고 확신합니다.

지금 이 자리에서, 이 순간에도 자연과 동물, 사람과의 공존을 위해 노력하는 나와 동료들에게 따뜻한 격려를 보냅니다. 우리 모두가 함께라면, 그리고 각자의 역할에 최선을 다한다면 판다월드에서 바오패밀리가 보여주는 순수한 생명의 빛이 더 많은 이의 마음을 밝힐 수 있으리라 믿습니다. 그 길 위에서 나도 계속 성장하며 더 큰 세상과 소통하는 주키퍼가 되기 위해 노력할 겁니다. 주키퍼로서의 23년이 그러했던 것처럼 앞으로 걸어갈 모든 날 또한 그리움과 감사, 책임감으로 가득 차 있을 거라 확신하면서요. 그래서 나는 오늘도 판다들과 함께하는 이 길에서 앞으로의 희망을 노래합니다.

 송바오의 편지

사랑하는 루이바오와 후이바오에게.

너희가 이 세상에 처음 발을 디딘 날이 아직도 생생한데, 벌써 푸근한 두 살을 맞이했다는 사실이 그저 신기하고, 때로는 야속하게 느껴지기도 하는구나. 언니 푸바오의 시간을 오롯이 곁에서 지켜봤기 때문일까? 너희들의 시간은 유난히 더 빨리, 빛살처럼 흘러가는 것 같아 아쉬운 마음이 들 때도 있단다.

하지만 괜찮아. 너희의 하루하루는 늘 새로운 설렘과 따스함으로 가득했고, 그 덕분에 나의 일상은 형언할 수 없는 기쁨으로 채워졌으니까 말이야. 자칫 고되고 지치는 일에만 골몰하게 되기도 하는 일터에서 너희를 만나 나의 하루하루가 이렇게 슬기롭고 환한 에너지로 가득해진 거지. 너희들의 해맑은 표정, 쪼르르 달려와 장난치려는 몸짓, 맛있는 대나무와 간식을 한가득 입에 넣고 우물거리는 소리 하나하나가 다 소중하단다. 늘 건강하게, 그리고 언제나 행복 가득한 모습으로 내 곁에 있어주어 진심으로 고마워.

나는 확신한단다. 나뿐만 아니라, 이 세상 모든 곳에서 너희를 아끼고 사랑하는 많은 이의 일상 또한 너희 덕분에 더 풍요롭고 환해질 거라고. 아마 지금, 이 순간에도 수많은 이가 너희의 작고 보송보송한 사진과

이야기를 보고 들으며 저마다의 고단함을 잊고 미소를 짓고 있을 거야.
나는 또 믿고 있어. 루이와 후이라는, 세상에 둘도 없는 소중한 생명체를
만나 사랑하게 되면서 많은 이가 이 아름다운 지구에서 모든 생명과
공존하기 위해 깊은 고민을 시작하고, 소리 없는 노력을 해나갈 거라고.
너희는 바로 그런 존재로 우리에게 온 거야. 세상의 작은 변화를 일으키는
존재, 때로는 아주 큰 울림으로 세상을 바꾸는 그런 존재인 거지.

우리 쌍둥이는 사람들이 미처 알지 못했던 따스한 마음을 일깨워주고,
보이지 않던 연약한 생명들을 헤아리게 해주었어. 그렇게 소중한
깨달음을 안겨줘서 고마워. 너희를 만나기 전과 후의 세상은 나에게
너무나도 다르게 느껴져. 어쩌면 이 편지를 읽는 많은 독자 또한 너희를
통해 세상을 새로운 시선으로 바라보게 될지도 모르겠구나.

사랑하는 쌍둥이 판다 루이, 후이야.
우리에게 와줘서 정말 감사해.
앞으로도 씩씩하게 자라서 세상 모든 사람에게 행복을 전해주는
건강하고 사랑스러운 판다로 남아주렴.
나는 너희의 슬기롭고 빛나는 모든 순간을 언제나 응원할게. 사랑한다.

너희들의 영원한 쨔근할부지

송바오가.

> 작가의 말

슬기롭고 빛나는 선물
루이바오, 후이바오와의 행복한 동행

　사랑하는 독자 여러분. 이렇게 여러분께 쌍둥이 판다의 두 번째 이야기를 전해드릴 수 있게 되어 더없이 기쁘고 벅찬 마음입니다. 매일 아침 문을 열고 판다월드에 들어설 때마다, 맑고 순수한 눈빛으로 저를 맞아주는 이 작은 생명체들이 제게 안겨주는 기쁨과 경이로움은 감히 말로 다 표현할 수 없을 정도입니다. 바오들은 저에게 있어 단순한 동물이 아니거든요. 함께 호흡하고 마음을 나누는 가장 소중한 가족이자 삶의 스승이 되어주고 있으니까요. 사랑스러운 쌍둥이 판다의 천진난만한 모습을 보며 저는 매 순간 치유받고, 또 한없이 행복한 감정에 젖어들곤 하지요.

　매일 주키퍼 유니폼을 입으며, 이 특별한 옷이 제게 주는 의미를 되새깁니다. 유니폼을 입는 순간, 저는 송영관이라는 평범한 사람을 넘어, 판다월드의 일원으로서 막중한 소명감을 안게 됩니다. 어깨에 가득 짊어진 대나무와 깨끗이 닦인 장화, 그리고 제 심장 가까이에 새겨진 명찰은 제게 동물원의 가장 본질적인 목표인 '보전'과, 주키퍼로서의 역할, 그리고 제가 짊어진 책임감을 늘 새롭게 일깨워줍니다. 바오들의 따뜻한 숨결과 대나무 향기, 그리고 특유의 보송보송한 털의 촉감까지, 이 모든 감각이 이 초록색의 유니폼을 통해 더욱 생생하게 다가오죠. 이 옷은 제게 단순한 작업복이 아니라, 판다들의 순수한 시선으로 세상을 바라보게 하는 특별한 '필터'이자, 우리가 돌보는 모든 생명체와의 깊은 교감을 가능하게 하는 매개체입니다. 제가 이 책에 류정훈 작가님의 사진과 함께 담아낸 모든 이야기는, 바로 이 유니폼 아래에서, 판다를 향한 저의 뜨거운 마음속에서 온전히 박동하고 있다고 믿습니다.

많은 분께서 판다들의 사랑스러운 모습을 기억해주십니다. 더불어 동물원을 '즐거움을 주는 장소'로 생각해주시기도 하지요. 하지만 저는 이 책에 담긴 사랑스러운 바오패밀리의 이야기를 통해 동물원의 또 다른 역할에 대해 여러분과 진솔하게 이야기 나누고 싶습니다. 동물원은 멸종 위기에 처한 야생동물들을 보호하고 종 보존을 위한 연구와 번식 프로그램을 수행하는 '생명의 방주'와도 같은 곳이기 때문입니다. 특히 멸종위기종인 판다를 돌보는 저희 주키퍼들은 그들을 돌보고 보금자리를 청소하는 일을 넘어, 이들의 생존과 번영을 위한 다각적인 노력에 참여하고 있습니다. 우리의 작은 노력이 씨앗이 되어 이 소중한 생명들이 대대손손 이어지기를 바라기 때문입니다. 야생동물의 수호자로서 막중한 책임감을 가지고 매일 최선을 다하고 있는 건 그 때문이지요.

늘 변함없이 바오패밀리에게 사랑과 응원을 보내주시는 독자 여러분께 진심으로 감사드립니다. 여러분의 따뜻한 관심과 사랑이 곧, 이 생명들을 지키는 가장 큰 힘이 될 것입니다.

고맙습니다.

사랑으로 함께 써내려가는 쌍둥이 판다의 성장 일기
전지적 루이&후이 시점2

초판 1쇄 인쇄 2025년 10월 1일
초판 1쇄 발행 2025년 10월 24일

글·사진 에버랜드 동물원 송영관 류정훈
펴낸이 최순영

출판1 본부장 한수미
컬처 팀장 박혜미
편집 이문경
디자인 김준영

펴낸곳 ㈜위즈덤하우스 **출판등록** 2000년 5월 23일 제13-1071호
주소 서울특별시 마포구 양화로 19 합정오피스빌딩 17층
전화 02) 2179-5600 **홈페이지** www.wisdomhouse.co.kr

ⓒ 에버랜드 동물원, 2025

ISBN 979-11-7171-536-7 03810

- 이 책의 전부 또는 일부 내용을 재사용하려면 반드시 사전에 저작권자와
  ㈜위즈덤하우스의 동의를 받아야 합니다.
- 인쇄·제작 및 유통상의 파본 도서는 구입하신 서점에서 바꿔드립니다.
- 책값은 뒤표지에 있습니다.

KC마크는 이 제품이 공통안전기준에 적합하였음을 의미합니다.
제조국 : 대한민국 사용 연령 : 8세 이상
책장에 손이 베이지 않게, 모서리에 다치지 않게 주의하세요.

에버랜드 동물원은 중국야생동물보호협회,
중국 자이언트판다 보호연구센터와 함께
자이언트판다의 보호 및 보전에 노력하고 있습니다.